RAPPORT

SUR

LE COMPTE ADMINISTRATIF DU MAIRE

ET

LE COMPTE DE GESTION

DU

RECEVEUR MUNICIPAL POUR L'ANNÉE

1887

Commune de Saint-Pierre

(ILE DE LA RÉUNION)

IMPRIMERIE DU JOURNAL *LA VÉRITÉ*

(SAINT-DENIS

33, RUE LABOURDONNAIS, 33

RAPPORT

SUR LE COMPTE ADMINISTRATIF DU MAIRE
ET LE COMPTE DE GESTION
DU RECEVEUR MUNICIPAL POUR L'ANNÉE 1887

MESSIEURS,

La commission que vous avez nommée, et qui avait pour mission d'examiner le compte administratif dressé par l'ancien Maire, pour l'exercice mil huit cent quatre-vingt-sept, et le compte de gestion présenté, pour le même temps, par le Receveur-Municipal, vient aujourd'hui vous faire connaître, par l'organe de son rapporteur, le résultat du travail auquel elle s'est livrée.

Les membres de cette commission, pour répondre à votre vœu, et à la confiance dont vous les avez honorés, ont fait de leur mieux. Ils ont tout vu, tout compulsé, tout étudié, en un mot, ils se sont acquittés consciencieusement du mandat dont vous les avez investis ; vous ne pouvez leur demander rien de plus.

Voici le plan qu'a suivi la commission, pour ses travaux.

Elle s'est occupée d'abord du compte de gestion du Receveur-Municipal, qui est d'une étude facile, et elle s'est ensuite consacrée à l'examen du compte administratif du Maire, qui réclame plus de soin et plus d'attention, en même temps qu'il exige plus de recherches.

Ce plan, rationnel d'ailleurs, le rapporteur l'a adopté à son tour, et c'est dans l'ordre ainsi indiqué, qu'il va vous soumettre les réflexions et les observations de la commission.

Compte de gestion
du Receveur-Municipal

En abordant ce chapitre, nous avons à vous entretenir, comme son titre l'indique, du compte fourni par le Receveur-Municipal, consistant en deux parties, l'une embrassant les opérations effectuées pendant la gestion, qui part du seize décembre mil-huit-cent-quatre-vingt-six , pour s'arrêter au trente et un mars 1887, et l'autre, les opérations effectuées du premier janvier au quinze décembre 1887.

Pour l'intelligence de la discussion qui s'ouvrira à la suite du présent rapport, nous allons indiquer rapidement, en quelques mots, l'économie du compte qui a été soumis à notre examen, et qui attend maintenant le vôtre. Ce compte, établi en la forme ordinaire, est divisé en deux parties, « Recettes et dépenses ». Occupons-nous tout d'abord de la première partie, celle qui a trait aux recettes.

Recettes

Les recettes, dont le détail est donné au compte du Receveur Municipal, se divisent, par la nature même du compte, en deux catégories, celles réalisées du seize décembre 1886, au trente et un mars 1887, ou compte de l'exercice 1886. Quatre cent quatre vingt quatre mille huit cent soixante deux francs quarante et un centimes ci.   484.862 41

Et celles réalisées du premier Janvier, au quinze décembre 1887, ou compte de l'exercice 1887. . . .   1.022.465 90

Soit la somme de. 1.507.328 31

A laquelle il convient d'ajouter l'excédent de recettes au quinze décembre, fixé à. 191.795 86

Total. 1.699.124 17

Les dépenses effectuées pendant la période rappelée ci-dessus, s'élèvent, tant pour l'exercice 1886,que pour celui de 1887, à la somme de. 1.614.745 18

Il s'ensuit que le compte de gestion du Receveur-Municipal offre, à la date du 15 décembre 1887, un excédent de recettes de. 84.378 99

Tel est, Messieurs, l'aperçu sommaire, mais suffisant, des comptes vérifiés qui ont été reconnus réguliers et exacts, et qu'il vous reste à approuver, si vous partagez à cet égard le sentiment de la commission.

Compte administratif du Maire

Le compte administratif présenté par l'ancien Maire, compte clos au trente et un Mars 1888, et sur lequel vous avez aussi à vous prononcer, se compose comme suit :

Titre I

CHAPITRE I

Recettes ordinaires

Recettes effectuées :

En 1887, ci. 388.865 70
En mil huit cent quatre-vingt-huit, ci.. 66.102 33

Total, ci.. . . . . 454.968 13
Sommes à recouvrer, ... 9.576 43

CHAPITRE II

Recettes extraordinaires

Recettes effectuées,
En mil huit cent quatre-vingt-sept, ci. 620.199 67
En mil huit cent quatre-vingt-huit, ci. 137.697 87

Total, ci.. . . . . 757.897 54
Sommes à recouvrer, ci 46.018 78

CHAPITRE III

Recettes supplémentaires

Recettes effectuées :
En mil huit cent quatre-vingt-sept ci. 14.416 50
En mil huit cent quatre-vingt-huit ci.. 1.812 17

Total, ci.. . . . . 16.228 67
Sommes à recouvrer ci. 25.986 06

RÉCAPITULATION

Total général des recettes ci.. . . . . 1.229.094 24
A déduire pour remises aux Trésoriers. 1.371 96

Total net et définitif ci.. . . . . . 1.227.722 28
Total des sommes à recouvrer ci.. . . . 81.581 27

Titre II

CHAPITRE I

En ce qui concerne les dépenses du compte administratif, elles se divisent en trois catégories, Dépenses obligatoires, facultatives et supplémentaires, que nous allons passer successivement en revue.

CHAPITRE I

Dépenses obligatoires

Sommes dépensées :
En mil huit cent quatre-vingt sept . . 307.245 27
En mil huit cent quatre-vingt-huit . . 110.573 61

Total : Quatre cent dix-sept mille huit cent dix-huit francs quatre vingt-huit centimes ci. 417.818 88
Restes annulés, Deux cent soixante dix-

A reporter. . . . 417.818 88

Report. . . . 417.818 88

sept mille neuf cent cinq francs quatre-
vingt-seize centimes , ci 277.905 96

CHAPITRE II

ARTICLE I

Dépenses facultatives

Sommes dépensées :
En mil huit cent quatre-vingt-sept ,
Soixante-dix-neuf mille trois cent soi-
xante et onze francs quatre-vingt-dix
centimes, ci 79.371 90
En mil huit cent quatre-vingt-huit, ci. 7.240 29

    Total, ci 86.612 19

Restes annulés , Trois mille sept cent
soixante-deux francs quatre-vingt-un
centimes , ci 3.762 81

ARTICLE II

Dépenses extraordinaires

Sommes dépensées :
En mil huit cent quatre-vingt-sept, ci. 683.583 13
En mil huit cent quatre-vingt-huit . . 160.696 30

    Total. 844.279 43
Restes annulés. 15.623 27

CHAPITRE II

Dépenses supplémentaires, obligatoires ou facultatives

Sommes dépensées :
En mil huit cent quatre-vingt-sept ci. 23.246.39
En mil huit cent quatre-vingt-huit . . 17.060 57

    Total. 40.306 96
Restes annulés , ci 156.659 14

RÉCAPITULATION

    Total des dépenses, ci 1.389.017 46
Restes annulés 453.951 18

Résumé général

Recettes 1887—1888. . . . . . . 1.227.722 28
Dépenses 1887—1888. . . . . . . 1.389.017 46

Excédant des dépenses sur les re-
cettes , ci 161.295 18
Report de l'excédant des recettes de l'exercice 1886. 155.359 78

Excédant des dépenses , ci 5.935 40

Telles sont, en résumé, les opérations du compte administratif de l'ancien Maire, pour l'exercice mil huit cent quatre-vingt-sept.

Ce compte présente, comme celui du Receveur Municipal qui développe toutes les opérations propres à l'exercice mil huit cent quatre-vingt sept, effectuées du premier Janvier 1887 au trente et un mars 1888 et qui a pour titre : « Compte final de l'exercice 1887, clos au trente et un Mars 1888, » un excédant semblable de dépenses sur les recettes, s'élevant à la somme de Cinq mille neuf cent trente-cinq francs quarante cen imes.

Après l'exposé qui précède, il convient de passer à l'examen des articles de dépense dont se compose le compte qui nous occupe, et de vous soumettre à ce sujet nos réflexions et nos observations.

Nous avons lieu de penser que vous les trouverez justes et fondées, et que vous les accueillerez.

Quoiqu'il en soit, et sous quelque forme qu'elles se présentent, vous vous direz qu'elles n'ont été inspirées que par un souci réel des intérêts qui nous sont confiés à tous, et à la défense desquel snous devons nous dévouer de toutes nos forces. Tel a été notre unique mobile, le seul sentiment qui nous ait guidés dans la circonstance.

Compte administratif du Maire

ARTICLE I

Traitement du Secrétaire et de divers employés

17.200 francs. Cet article, qui ne se compose que de sommes votées pour la solde de certains employés, n'a motivé aucune observation.

ARTICLE II

Remises du Trésorier et du Receveur Municipal

16.187 francs 90 c. Ici, non plus, nous n'avons pas d'observation à présenter.

ARTICLE III

Personnel et Matériel de la Police

39.923 francs 26 c. Aucune observation.

ARTICLE IV

Personnel et Matériel de l'Instruction publique

79.165 francs 93 c. Il s'agit ici, comme vous le voyez, d'une grosse dépense, car l'article dont nous allons nous occuper, absorbe plus du cinquième de nos ressources budgétaires ordinaires. Il mérite dès lors d'attirer toute notre attention. En effet, si nous voyons figurer au budget primitif la somme de Soixante-dix-neuf mille cent soixante-cinq francs quatre-vingt-treize centimes, ce n'est point le seul sacrifice que nous nous imposions pour donner, autant que faire se peut, satisfaction à l'un des premiers besoins de la population, car nous retrouvons, pour le même objet, au budget additionnel, une autre somme de dix mille cinq cent soixante-quinze francs. Dans les allocations ainsi faites pour l'instruction publique, le collège communal entrait, il est vrai, à l'époque dont nous parlons, pour une part importante, un chiffre assez rond, Trente-et-un mille trois cent cinquante francs, dont Vingt-sept mille francs, au budget principal, et Quatre mille trois cent cinquante francs au budget additionnel.

Depuis, force a été de réduire cette dépense, qui n'était pas en rapport avec la situation financière de la Commune. Donner de l'instruction, la donner au plus grand nombre, à tous, si c'est possible, la répandre partout, est chose bonne et méritoire, mais en matière de finances, il faut se garder de faire du sentiment, il faut ne consulter que ses forces, que les ressources dont on dispose. C'est ce que l'on a, ce nous semble, trop souvent méconnu et oublié.

On a fait également beaucoup et peut-être un peu trop, pour les écoles communales. Non seulement dans ces écoles l'instruction est octroyée gratuitement, mais les enfants y sont encore, sans distinction, dotés des livres et des fournitures classiques qui leur sont nécessaires. Il y a là, sinon abus, du moins excès. Que l'on fournisse ce dont ils ont besoin, comme livres, plumes, encre et papier, aux enfants dont les parents sont indigents, ou même nécessiteux, cela se comprend, mais il faut savoir rester dans de justes limites. C'est ainsi qu'à l'école des frères de Saint-Pierre, on ne donne des livres classiques, qu'aux enfants dont l'indigence est constatée.

L'observation de la Commission est d'autant plus fondée, que nous voyons pour une seule année, celle de 1887, une dépense qui nous a paru considérable.

Il s'agit d'une somme de 5.607 francs 45 c/, employée à peu de chose près, à l'acquisition de livres classiques, de livres pour distributions de prix, et de fournitures scolaires. Cette somme se trouve répartie entre deux fournisseurs, Monsieur Roux, Négociant à Paris, et Monsieur Augustave Babet, négociant à Saint-Pierre, comme suit : 4.064 f. 70 c/, pour le premier, et 1.542 f. 75 c/, pour le second.

Les diverses factures présentées par Monsieur Augustave Babet, factures qui ont fait l'objet des mandats. Nos 556 — 687 — 688 — 967 — 968, ont suggéré à votre commission les deux observations suivantes :

En premier lieu, le prix de certains livres paraît exagéré, de plus il n'est pas uniforme, et l'on se demande pourquoi ? c'est ainsi que la méthode Nœl (deuxième année) est cotée tantôt 0 f. 85, tantôt 1 franc, et tantôt 1 fr. 50.

Comment expliquer cette différence ? La commission n'en a saisi ni la raison, ni la cause.

En second lieu, ici comme ailleurs, on retrouve presque toujours, pour fournisseur de la commune, soit en vertu de marchés, soit par suite de conventions verbales, Monsieur Augustave Babet, frère de l'ancien Maire et son associé.

Or, les rapports existant entre l'ancien Maire , et le fournisseur, ont amené la commission à formuler une observation, suivant elle fondée, c'est que, dans les conditions où traitaient les parties, les intérêts de la commune pouvaient ne point trouver une sauvegarde suffisante. La situation du Maire, appelé à présider au contrat, était pour le moins délicate, puisqu'il réunissait en sa seule personne et le *vendeur et l'acheteur*. Si le rapporteur s'est un peu étendu sur le point qu'il signale à votre attention, sans y insister cependant outre mesure, pour le moment ; c'est d'après le désir et l'avis unanime de la commission. Il est une dernière réflexion qui trouve ici sa place, c'est que parmi les livres expédiés à la commune pour les distributions de prix, et payés de ses deniers, il s'en trouve qui portent cette inscription : « Offert par le Maire de Saint-Pierre, Monsieur Auguste Babet. » Certes, le Maire d'une commune est libre de se montrer généreux, si bon lui semble, et de faire tels dons et tels présents qu'il lui plaît, pourvu que ce soit à ses frais, et qu'il n'en résulte aucune charge pour le budget.

ARTICLE V
Personnel de la Milice

4.501 francs 98 c. Cet article n'a amené aucune observation. Passons en conséquence au suivant.

ARTICLE VI
Salaires des gardes champêtres

5.285 francs 33 c. Cette somme dont la totalité n'a pas été employée, car il reste encore disponibles 1.083 f. 33 c., était destinée à acquitter les salaires des gardes du Canal dit « De la Grande Montée », au nombre de six d'abord, et de cinq ensuite. Or, il a semblé à la Commission, que ces gardes étaient trop nombreux pour le service qu'ils avaient à faire, et en outre trop payés, et que de ce chef, par suite, on aurait pu réaliser une économie assez notable.

ARTICLE VIII
Frais d'entretien de l'Hôtel-de-Ville

600 francs. Cette somme est exclusivement employée au payement du loyer du bâtiment servant de Mairie au Tampon. Aucune objection n'a été produite à cet égard.

ARTICLE IX
Frais de bureau et d'impressions

2,907 francs 11c. Sur ce point la commission a été d'avis que le prix auquel se payaient les divers imprimés dont la commune pouvait avoir besoin, était un peu élevé. Ainsi, par exemple, la feuille d'avertissement destinée à rappeler au devoir le contribuable en retard est côtée à sept centimes environ ; ce qui est évidemment trop cher. Il est à supposer qu'on aurait pu obtenir de plus fortes concessions si l'on avait fait appel à la concurrence, en s'adressant aux nombreux imprimeurs de Saint-Denis.

Il est, sous l'article dont nous nous occupons, une dépense qui a attiré notre attention et excité quelque peu notre étonnement.

Elle est représentée par une somme de 85 francs payée au journal « L'Enfant Terrible. », pour la publication par lui faite du budget additionnel de la commune de St-Pierre.

Il n'a pas paru à la commission que ce document eût une importance tellement capitale, qu'il fallût, de toute nécessité, lui accorder les honneurs de la publicité, et elle a recherché en outre, mais en vain, l'opportunité de cette publication.

Qu'est-ce qui a pu motiver une pareille dépense que rien ne justifie sous tous les rapports ? C'est la question qu'on est en droit de se poser et que vous aurez, chacun pour votre part, à résoudre comme vous l'entendrez.

Sous ce chapitre, nous nous trouvons en présence de fournitures faites par Monsieur Augustave Babet, et constatées par les mandats Nos 401, 555, 1205. Les observations déjà consignées plus haut trouvent leur place ici.

ARTICLE XI
Frais de recueil des actes administratifs de l'Etat-Civil

Aucune somme n'étant inscrite à cet article, il n'y a pas lieu de s'y arrêter.

ARTICLE XII
Abonnement au Bulletin des Communes

25 francs. Pas d'observation.

ARTICLE XIII
Frais d'abonnement et de conservation du Bulletin des lois

50 francs. Pas d'observation non plus.

ARTICLE XIV
Frais de recensement de la population

6.208 francs 46. Nous n'avons pas à nous étendre sur cette dépense dont il a été assez longuement question dans le rapport présenté à l'occasion du budget additionnel à l'exercice en cours.

ARTICLE XV
Frais des assemblées et des cartes électorales

495 francs. La Commission se borne, sur ce point, à émettre un

vœu, c'est qu'à l'avenir, vu la situation embarrassée de la Commune, l'indemnité allouée au Président et aux membres des bureaux électoraux, pour leur repas, et portée à trente-cinq francs, soit diminuée. A moins, on peut avoir un repas convenable, mais simple et frugal, comme le comporte la modicité de nos ressources.

ARTICLE XVI

Frais de registres de l'Etat Civil

1.180 francs. Rien à dire à ce sujet.

ARTICLE XVII

Frais de loyer et de réparations du local de la justice de Paix

75 francs. Rien à dire comme pour l'article précédent.

ARTICLE XVIII

Contingent assigné à la Commune dans les dépenses
des enfants assistés

500 francs. La prévision à cette fin est, comme vous le voyez, de 500 fr. mais il n'y a pas été touché. Donc aucune observation à faire.

ARTICLE XIX

Indemnité éventuelle de logement aux Curés

600 francs. C'est la somme affectée au paiement du loyer de la Cure du Tampon. Pas d'observation.

ARTICLE XXII

Acquittement des dettes exigibles

498.195 f. 28. Ici, nous touchons, Messieurs, à l'une des questions les plus délicates, et les plus importantes de toutes celles qui ont été soumises à notre examen.

Le simple énoncé de l'article dont nous allons nous occuper suffirait à lui seul, pour vous édifier sur notre situation financière, aujourd'hui encore imparfaitement connue, mais sur laquelle nous ne devons plus conserver d'illusions. La situation est mauvaise, très-mauvaise, il faut avoir le courage de le dire, et elle serait même désespérée, si nous restions livrés à nos propres forces, à nos seules ressources. Les obligations auxquelles nous avons à faire face sont nombreuses, et constituent une dette écrasante, hors de proportion, avec les ressources qui restent disponibles, après que nous avons paré aux besoins multiples et nécessairement considérables de notre administration municipale, et ce, même en nous restreignant le plus, en ne dépensant que le strict nécessaire. Et la situation qui déjà s'accuse en 1887 n'a fait qu'empirer ; elle est aujourd'hui devenue beaucoup plus inquiétante.

A l'époque vers laquelle nous faisons un retour en ce moment, la dette exigible à acquitter par la Commune s'élevait à la somme de

498,195 fr. 28 cent., somme importante , et bien faite pour donner à réfléchir, car elle devait frapper les esprits les moins prévenus, et même les plus aventureux.

Les éléments de cette dette étaient les suivants :

Annuité de l'emprunt de	180.000 francs . . .	14.804
Annuité de l'emprunt de	300.000 » . . .	29.079
Annuité de l'emprunt de	260.000 » . . .	36.088
Annuité de l'emprunt de	1.500.000 » . . .	133.950
Annuité de l'emprunt de	3.000.000 » . . .	259.574 28

Enfin , paiement du quatrième et du dernier terme de 100.000 alloués à M. Jacob, car nous avons à inscrire encore de ce chef, une somme de 25.000 fr. hélas ! ci. **25.000**

Total, ci **498.195 28**

Or , qu'a-t-il été payé de la dette qui était à notre charge en 1887 ? — Deux cent trente-neuf mille cinq cent trente-sept francs soixante et onze centimes, c'est-à-dire la moitié à peine, de telle sorte que nous avons encore à nous libérer de Deux cent cinquante-huit mille six cent cinquante-sept francs cinquante-sept centimes, qui non acquittés dans le passé, grèvent aujourd'hui notre présent, et menacent notre avenir, singulièrement compromis.

Aussi, Messieurs, nous pouvons, sans être taxés d'exagération, sans craindre de passer pour des hommes timorés, ou à vue étroite, affirmer dès ici, et sans plus ample informé, que la ruine de Saint-Pierre, sera consommée sous peu forcément, et que ceux qui, avec les plus louables intentions, ont accepté le fardeau des affaires municipales, se verront contraints d'avouer leur impuissance, et disons le mot, de déposer le bilan de la commune, si l'Etat ou la Colonie ne nous vient en aide, ne nous tend une main secourable.

Espérons qu'il en sera ainsi, car sans chercher à récriminer, sans trop insister sur les actes du passé, et sur les conditions plus qu'anormales, parfois, dans lesquels ils se sont accomplis, nous sommes en droit de nous plaindre, car jamais la surveillance et le contrôle n'ont plus fait défaut qu'alors qu'ils étaient le plus nécessaires.

La Commune de Saint-Pierre, et c'est ce qui a fait son malheur, a été livrée à elle même, s'étant affranchie, on ne sait comment, de la tutelle administrative, tutelle contre laquelle on se révolte trop souvent, mais qui, lorsqu'elle est sagement et sérieusement exercée, constitue une protection réelle et efficace, car elle prévoit et empêche alors bien des fautes.

ARTICLE XXIII

Entretien des Chemins vicinaux

3.053 francs 20 c. Toute la somme prévue pour cet objet n'a pas été dépensée. Il reste au crédit ouvert 1.946 francs 20 c. qui auraient pu pourtant trouver leur emploi quelque part, car nos routes et nos che mins ont besoin de réparations urgentes, presque sur tous les points. Il suffit, en effet, d'avoir tant soit peu parcouru les diverses localités de la commune pour être fixé sur l'état déplorable de nos différentes voies de communication. Quant aux travaux éxécutés, ils l'ont été presque exclusivement sur le chemin du Grand-Bassin, et celui du Bras de Po tho. C'est à peine si une modique partie de la somme votée a été consacrée à la route et au pont de Montvert.

ARTICLE XXV

Dépenses de la Caisse d'Epargne

900 francs. C'est la solde du caissier de la Caisse d'épargne. Aucune observation.

CHAPITRE II

Dépenses facultatives

ARTICLE I

Indemnité représentative au Maire et à l'adjoint spécial

10,500 francs. Cette somme se divise entre le Maire et l'adjoint spécial, dans la proportion de 9,000 francs pour le premier, et de 1,500 francs pour le 1e ord.

La Commission estime que ces indemnités peuvent être considérées comme trop élevées en présence de l'état plus que critique de nos finances.

ARTICLE II — ARTICLE III

Personnel et frais de surveillance des Travaux

Divers agents

17,664 francs 97 centimes — 10,669 francs 65 centimes. C'est un gros chiffre, sur lequel des réductions auraient pu être opérées sans inconvénient. Parmi les employés qui figurent dans le personnel de surveillance des travaux, plusieurs recevaient des traitements relativement exagérés. Ainsi, l'Ingénieur Communal qui s'occupait presqu'uniquement du port; n'accordant aux autres travaux, soit de la ville, soit de la campagne; et encore, à de très-rares intervalles, qu'une très faible partie de son temps, touchait une solde de 600 francs, soit 400 francs, comme directeur des travaux du port, et 200 francs, comme ingénieur de la ville. Un premier piqueur était appointé à 2.400 francs, un second à 1.000 francs. Le chef fontainier de la ville touchait 1000 francs. Le maître éclusier du Canal Saint-Étienne recevait douze cents francs, et les deux gardes du même canal obtenait chacun 900 francs. La solde du gardien du cimetière de la ville était portée à 1.200 francs, celle du gardien de l'abattoir à 900 francs, celle du vétérinaire, qui n'est pourvu d'aucun brevet, à 1.800 francs, celle du surveillant comptable du dépôt de pétrole, à 1.500 francs, et enfin, celle du surveillant comptable du bazar, également à quinze cents fr.

Ces simples énonciations vous montrent que le personnel à payer — et nous ne nous occupons que des principaux employés — était nombreux, et que les traitements étaient largement octroyés.

Enfin, nous voyons figurer encore sous le même article, la solde de 20 cantonniers d'abord, et de dix-huit ensuite, à raison de 420 francs l'un, ce qui représente, en calculant sur la base de dix-huit, une somme de 7.560 francs qu'il faut augmenter de 1.800 francs, montant du traitement de deux chefs, recevant chacun 900 francs. Or, que faisait ce personnel, relativement considérable, car l'état de nos routes laisse partout à désirer. Il est à présumer qu'il ne fournissait pas la somme de travail voulue, faute d'une surveillance active et régulière.

ARTICLE V

Frais de personnel et de matériel du dépôt communal

3.369 francs 88 c. Cet article déjà élevé, est malheureusement appelé à augmenter encore. On vous a entretenu, et longuement, au cours du rapport sur le budget additionnel, des causes qui amènent, pour nous, ce surcroît de dépenses. Le sujet étant connu de vous, il est inutile d'y revenir. Notons, en passant, que sous cet article, figure encore un mandat au profit de Monsieur Augustave Babet, pour fournitures diverses de 2.019 fr. 13 c.

(Mandat N° 374)

ARTICLE VII

Travaux d'entretien. — *Dépenses d'éclairage* — *Fêtes publiques* — *Bourses au Lycée, à l'Ecole Normale, etc. Subventions.*

10.749 francs 26 c. — 4.680 francs 06. Les deux premiers articles seuls, vont nous occuper, aucune somme n'ayant été votée pour les autres.

L'article dit : *Travaux d'entretien* a donné lieu à quelques observations qui ne sont pas sans intérêt.

La commission a été assez surprise de rencontrer sous cet article deux mandats délivrés à Monsieur Ernest Fontaine, l'un de 47 francs N° 522, et l'autre, de 25 francs N° 251, ayant pour cause des journées d'ouvriers fournies pour la réparation du Canal de la Grande Montée. Comment, s'est-on demandé, Monsieur Ernest Fontaine qui habite la ville, a-t-il pu fournir des journées d'ouvriers pour des travaux s'exécutant à une si grande distance ?

Un mandat de 330 francs, N° 356 , au profit de M. Augustin Gruchet, et représentant le prix de 10,800 kilos de chaux, à raison de 25 francs les 1,000 kilos, a motivé une observation, fondée sur ce que l'usage auquel la chaux fournie était destinée n'est indiqué nulle part.

Un fait surtout nous a frappés, et nous devons vous en faire part. Il s'agit des sommes dépensées pour les sources, le canal et le chemin de la Grande-Montée, et de la manière dont ces sommes étaient payées.

Parlons d'abord du chiffre de la dépense qui nous paraît excessive. On a payé à l'occasion des travaux divers exécutés à la Grande-Montée, les sommes suivantes :

1° Mandat N° 505, ci.	603	50
2° Mandat N° 628 , ci.	482	
3° Mandat N° 765, ci.	483	75
4° Mand·t N° 929, ci.	534	75
5° Mandat N° 1,060, ci.	245	
6° Mardat N° 1 061 , ci.	181	
7° Mandat N° 1188, ci.	342	75
8° Mandat N° 1214 , ci	79	90
9° Mandat N° 1359 , ci	424	50
Total.	3.377	15

plus celle que l'on retrouvera encore au chapitre des dépenses supplémentaires.

Maintenant, voyons comment ces sommes étaient payées. Lorsque des travaux étaient effectués, on produisait un état des journées employées. Cet état était dressé par le premier piqueur, visé par l'ingénieur et le Maire, et après cela, on établissait les mandats au nom du second piqueur qui les touchait, et était censé en verser le montant aux ay ns-droi', en présence de deux témoins, employés du port.

Or, ni le piqueur qui avait dressé l'état, ni l'ingénieur qui l'avait visé, ne s'étaient rendus sur les lieux, et n'avaient constaté l'importance et l'état des travaux. Quant au piqueur, au nom duquel le mandat était délivré, il était comme les autres, dans l'ignorance de ce qui s'était fait. Bien plus, il ne versait pas, comme le portent les états acquittés, diréctement aux journaliers ou ouvriers le montant de leurs salaires. Il se bornait à remettre la somme par lui encaissée, à un surveillant du Canal de la Grande-Montée, le sieur Pierre Lebon, qui était chargé de la faire arriver à destination. C'est également d'après les seules indications du sieur Lebon, indications verbales sans doute, car aucun document écrit n'a pu être produit malgré notre demande, — que les états de paiements étaient établis. Avant de formuler sur ce point ces critiques, la commission, il est inutile de le dire, s'est entourée de tous les renseignements voulus ; elle a même provoqué des explications de la part des agents, mêlés à ces règlements et à ces paiements, au premier chef irréguliers.

Il est encore une autre observation qui trouve ici sa place.

Il a été délivré à Monsieur Jean Aloyau des mandats au nombre de six (Mandats N°° 682 — 824 — 1.079 — 1.369 — 1.390 — 1.392.) représentant une somme de 833 francs, sept centimes, pour une certaine quantité de mètres de cordons de pierre, à raison de 2 francs 50 c. le mètre. Où ces cordons ont-ils été placés ? Les mandats sont muets à cet égard, et nous n'avons pu avoir par ailleurs aucune indication satisfaisante.

Avant d'en finir avec l'article dont nous venons de vous entretenir, constatons ici encore, la délivrance de trois mandats à Monsieur Augustave Babet, pour fournitures par lui faites. Mandat N° 1740, 277 francs 15 c. — Mandat N° 1741, 165 francs — Mandat N° 789, vingt-huit francs quatre vingt-cinq centimes.

Un dernier mot, et notre sujet sera épuisé. Il a été prévu, au budget de 1887, une somme de 5.000 francs pour réparations et travaux à exécuter au Canal Saint-Etienne. Or, il a été dépensé fort peu de chose de cette somme, et cependant le canal appelé à nous fournir l'eau dont nous avons tant besoin, réclame bien des réparations, et laisse certainement à désirer sous le rapport de l'entretien.

L'entretien des fanaux, et l'éclairage de la ville ont nécessité pendant l'année 1887, une dépense de 4.680 francs 06 c. De ce chef, la prévision au budget était de 6000 francs.

Si le chiffre de la dépense lui-même n'a pas appelé d'observation de la part de la commission, cette dernière a pensé du moins, qu'en raison de la somme allouée, on était en droit d'exiger un éclairage fait dans d'autres conditions.

Chacun de nous, en effet, a pu constater par lui-même que les réverbères de la ville, ne donnent trop souvent qu'une lumière insuffisante. Aussi, lorsque la lune ne leur vient pas en aide, sommes-nous plongés dans une obscurité à peu près complète. Cependant, d'après le marché passé avec l'entrepreneur, chaque réverbère — et on en compte 66, — doit fournir une lumière égale à celle de huit bougies stéariques de Fournier, pesant quatre-vingt dix-sept grammes l'une. De plus, e t il dit au même marché, la lumière sera mesurée au photomètre. » Certes, toutes les précautions, et les plus minutieuses même, ont été prises, mais à quoi sert-il d'être si prévoyant, si c'est pour lâcher ensuite la main complètement.

Aujourd'hui il convient d'exiger l'observation stricte et rigoureuse du marché, afin de faire cesser l'état de choses défectueux qui vient d'être signalé. Comme il n'a été rien porté au budget pour les trois derniers articles inscrits sous le N° 7, après les travaux d'entretien et les dépenses d'éclairage, nous n'avons pas à nous occuper de ces articles ayant pour titres « Fêtes publiques , Bourses au Lycée et à l'Ecole Normale, etc » et Subventions.

ARTICLE XII

Assistance municipale aux indigents

19.953 francs 04. Le crédit voté pour cet objet peut être considéré comme à peu près épuisé, puisqu'il n'offre qu'un solde non employé de 46 francs 16 c. Comme il a été question, et assez longuement, de l'assistance municipale au rapport que vous avez entendu sur le budget additionnel, il est inutile à notre avis, d'insister sur ce sujet. Nous nous bornerons à vous indiquer les mandats délivrés encore, sous cette rubrique, au profit de Monsieur Augustave Babet, nous conformant en cela, pour des raisons déjà connues de vous, à la ligne de conduite que nous avons adoptée dès le début. Ces mandats, qui ont pour cause des fournitures faites à l Hôpital, à l'Hospice et à l'Orphelinat, sont les suivants :

N° 381, ci.	154	30
N° 382, ci.	3.227	07
N° 777, ci.	1.847	71
N° 792, ci.	1 576	63
N° 1192, ci.	2.686	39
Soit un total de.	9.492	10

ARTICLE XIII

Service des vidanges

1.984 francs. Pas d'observation.

ARTICLE XVI

Dépenses diverses

4.018 francs 54 c. Pas d'observation.

ARTICLE XVII

Dépenses imprévues

3,022 francs 79 centimes. Notons, en passant, quelques mandats qui ont appelé notre attention.

C'est d'abord un mandat N° 9 de 58 francs 50 cent., au profit d'un sieur Genevièvre, employé de la maison Babet frères et Cie pour fourniture de drap ayant servi à confectionner le tapis de la Mairie du Tampon, et fourniture d'un timbre-clochette et d'un calendrier côté 3 francs 50 cent. Ce sont ensuite quelques mandats figurant au nom de M. Augustave Babet, savoir :

Mandat N° 377, pour fournitures à la Mairie et à la Source, Soixante-huit francs quatre cent.	68·04
Mandat N° 378.	28 85
Et enfin trois mandats pour fournitures à la Mairie	
N° 790.	68 47
N° 1198..	137 45
N° 1635 .	66 34
Soit ensemble.	369 15

BUDGET EXTRAORDINAIRE

Dépenses extraordinaires — Construction du Port

844,279 francs 43 centimes. Nous allons voir défiler dans ce chapitre, des dépenses nombreuses et importantes , puisqu'elles atteignent, en résumé, le chiffre significatif que nous venons de vous indiquer.

Nous allons toucher en même temps à une question du plus grand intérêt pour nous , au Port de Saint-Pierre, à cette œuvre dont nous souhaitons tous ardemment l'entière réussite, pour laquelle nous sommes prêts à tous les sacrifices, et qui, par conséquent , quoi qu'on ait pu dire, ne compte pas un ennemi, pas un adversaire parmi ceux qui siègent aujourd'hui dans cette enceinte.

C'est donc vous dire que dans cette partie de notre travail, nous avons cherché à nous rendre compte, autant qu'il nous a été possible, et autant que les conditions dans lesquelles nous opérions nous l'ont permis, de toutes les dépenses qui nous ont passé sous les yeux, même des plus insignifiantes en apparence, dans le but de voir si elles étaient justifiées comme utilité et comme chiffre.

Tout d'abord, nous vous soumettons une première observation sur la manière dont ces dépenses se sont effectuées malheureusement jusqu'à ce jour. C'est avec regret que nous avons constaté qu'on avait adopté pour elles le système de la régie, de tous les systèmes celui reconnu le plus mauvais, car il exclut tout contrôle, rend la surveillance à peu près impossible, et ouvre la porte aux abus de toute sorte. Avec ce système, pas de marchés par soumission, pas d'appel à la concurrence. Celui qui administre et dépense, agit à peu près en maître absolu, il fait à sa guise, et le mot n'a rien d'excessif.

Il est à regretter, que sur la proposition de l'ancien Maire, le Conseil municipal, (délibération du 15 juin 1885), ait opté pour le système de la régie. Il est plus à regretter encore que l'administration, qui depuis a reconnu son erreur, et en a compris toute la portée, en présence des résultats acquis, ait donné son approbation et sa sanction à la décision du Conseil municipal. Le système mis en pratique dès 1885 et qui, par suite, a trop duré, puisqu'il est encore en vigueur, ne pouvait fonctionner longtemps sans laisser éclater au grand jour les inconvénients qu'il entraînait avec lui. Aussi, a-t-il été l'objet d'observations sans cesse répétées de la part des membres de l'Inspection qui ont été appelés à vérifier et contrôler notre état financier. Ces observations, renouvelées à chaque visite, ont fini cependant par éveiller l'attention de l'administration supérieure, du pays, qui a essayé alors, mais en vain, à plusieurs reprises, d'arrêter le mal, et d'empêcher qu'il devînt sans remède. Mais, malgré tout, on a persévéré dans la voie mauvaise où l'on s'était engagé, et aujourd'hui nous ressentons les effets désastreux de cette résistance obstinée. Nous voyons, en effet, par trois fois le Conseil municipal, sur l'invitation du Maire, voter, à la suite de représentations faites par l'administration locale, la continuation des travaux du Port en régie.

Séances des 5 septembre 1881. — 15 juin 1885. — Lettre de Monsieur le Directeur de l'Intérieur du 16 décembre 1886.

Après cette première observation, qu'il nous a paru de notre devoir, à plus d'un titre, de consigner dès notre entrée en matière, nous avons à vous soumettre quelques réflexions d'un autre ordre, qui ne sont pas sans intérêt, comme vous le verrez. La première portera sur la comptabilité du Port que nous avons dû compulser, et la seconde, sur la composition du personnel de nos divers ateliers, et les sommes qui y étaient sons sacrées.

La comptabilité du port n'existe pas, à vrai dire, car celle qui nous a été présentée, est en quelque sorte, à l'état rudimentaire et primitif, et en tous cas, des plus incomplètes et des plus irrégulières. Les livres sont mal tenus, et les recherches que l'on est appelé à y faire s'exécutent avec la plus grande difficulté.

D'abord il est ressorti pour nous de la façon la plus évidente qu'avant le 4 avril 1885, époque vers laquelle a commencé à peu près l'emploi des fonds de l'emprunt de Trois millions, il n'existait au port aucune comptabilité proprement dite. On se bornait à tenir de simples notes et des cahiers de renseignements. Ce n'est qu'à la date du 4 avril 1885, que Monsieur Jules Badré, qui entré au port vers le mois de septembre 1885, en est resté le comptable pendant deux années environ, a commencé les écritures, et ouvert les livres. Comme bien vous le pensez, les livres ouverts et dressés dans ces conditions ne l'ont été, d'après l'aveu même du comptable, que sur des renseignements par lui puisés un peu partout, et sur des indications à lui fournies. Des notes, c'est ce qu'il a trouvé, mais pas de livres. Telle a été sa déclaration formelle devant la commission.

Si nous n'avions pas de comptabilité avant le 4 avril 1885, voyons un peu ce que vaut celle que, plus favorisés, nous avons possédée à partir du 4 avril 1885.

En conscience, et en toute honnêteté, Messieurs, nous sommes obligés de vous le dire, ce qu'on appelle la comptabilité du Port, n'en est pas une, et certainement, elle ne répondait en aucune façon, aux exigences et aux besoins d'une opération aussi importante, opération dans laquelle devaient se dépenser des millions.

Les livres de cette comptabilité sont nombreux, trop nombreux peut-être, on ne sait souvent à quoi ils servent, car ils ne portent pour la plupart aucun titre, aucune inscription.

Quelquefois, à peine commencés, ils sont abandonnés, de sorte que les opérations étant disséminées d'un côté et d'autre, les recherches deviennent difficiles, et il faut souvent, pour le plus petit renseignement, recourir à plusieurs livres.

Nous avons, en vain, demandé la représentation du livre d'entrée et de sortie dont la tenue était pourtant indispensable, afin de permettre de suivre et de contrôler le mouvement des achats et des dépenses, dans le but de se rendre compte de l'emploi des matières entrées dans les magasins du port. Il nous a été répondu que ce livre n'existait pas, et que le mouvement, au sujet duquel nous désirions être renseignés, se trouvait constaté sur des cahiers ou registres dont le relevé n'a jamais été fait. Dans ces conditions, nous n'avons pu procéder à aucune vérification de la nature de celle que nous avions en vue.

En somme, la comptabilité du Port, se compose d'un grand livre, et d'un journal, en apparence assez bien tenus, et de deux livres qu'on appelle « créanciers divers » et que nous désignerons sous le nom de « débiteurs divers », ces derniers aussi mal tenus que possible.

Quant à la régularité du journal, elle ne nous a pas surpris, après les explications du comptable qui, d'après ce qu'il nous a déclaré, n'y passait bien souvent ses écritures que sur des notes prises à la Mairie et à la perception.

Maintenant, pour vous donner une idée de la comptabilité en question, il suffira de vous signaler certains faits, assez choquants par eux mêmes pour dispenser de tout commentaire.

Ainsi par exemple, un livre servant de « débiteurs divers », ouvert à la date du 13 décembre 1886, ne porte aucun titre, aucune inscription de nature à indiquer l'usage auquel il était destiné. Sur ce livre, bien souvent les totaux des sommes qui s'y trouvent consignées ne sont pas faits, et souvent aussi il n'existe pas de reports, notamment aux feuillets 34 et 128. L'observation que nous sommes appelés à faire à l'occasion de ce livre, s'applique bien plus à celui qui l'a précédé, et qui sert de « débiteurs divers » pour partie de l'année 1885, et l'année 1886.

Il est de même d'un autre livre servant de « Main-Courante », ouvert le deux avril 1886 et s'arrêtant en juillet 1887. Ce livre sans titre, comme les premiers, contient des pages blanches, et des pages à demi-remplies. Parfois les articles qui s'y trouvent inscrits ne portent pas l'indication de leur prix, parfois on s'est abstenu de fournir le chiffre total des acquisitions, donnant lieu à un débit de plusieurs lignes.

Ce mode de procéder, que nous critiquons, et que nous considérons avec raison, sinon comme dangereux, du moins comme défectueux, se rencontre surtout aux feuillets 40, 46, 50, 57, 56, 59, 72, 79. En présence d'un pareil désordre qu'on ne peut à coup sûr considérer « comme un effet de l'art », on est autorisé à se demander quelle est la confiance que l'on peut accorder à une aussi pauvre comptabilité. Vous serez à cet égard assurément de notre avis, et vous penserez comme nous que cette confiance ne peut aller loin.

Quant au personnel employé sur les travaux, il était considérable, trop considérable peut-être pour être l'objet d'une surveillance efficace. Il suffit, pour justifier notre assertion sur ce point, de rappeler que pendant la période de 1887, seule soumise à notre examen, les états de solde pour les journaliers et ouvriers occupés au Port, s'élevaient pour les travaux ordinaires, en dehors de ce qui se payait pour les heures supplémentaires, à plus de 10,000 francs par quinzaine. Ces états variant entre dix et treize mille francs, constatent une dépense sérieuse qui demandait une vérification minutieuse et approfondie, à laquelle il importera de se livrer plus tard pour différents motifs.

Comme vous le voyez, la surveillance devait porter sur bien des points, embrasser bien des détails, et avec l'organisation qui existait alors, la vue d'ensemble, si nécessaire en pareille matière, a dû nécessairement manquer. On dépensait beaucoup, et les résultats n'étaient certes pas en rapport avec l'importance des sommes mises dehors, car nous pourrions peut être, sans nous aventurer, affirmer qu'il a été fait réellement, et tout au moins, relativement, plus avec les fonds de l'emprunt de 1,500,000 francs, qu'avec ceux de l'emprunt de 3,000,000. Plus tard, dans un travail qui viendra à son heure, lorsqu'il s'agira d'établir la situation financière de la commune, et d'en rechercher les causes, il sera intéressant de mettre en regard, pour l'édification de tous, les dépenses faites et les travaux exécutés, afin de se rendre compte, si toutefois les écritures le permettent, du prix de revient de la besogne faite.

Toutefois, dès à présent, votre commission a estimé qu'il y avait lieu de formuler d'une façon générale, une observation par rapport aux salaires alloués à certains employés et à certains ouvriers du Port. Ces salaires lui ont paru dans certains cas trop élevés, et dans d'autres, ils avaient le tort d'être attribués à des employés d'une utilité plus que douteuse.

D'une part, nous trouvons au port un régiment d'employés de tous grades et de toute nature, un chargé de la solde, à 125 francs (1), un de la comptabilité à 125 francs avec aide-comptable à 100 (2), deux pointeurs, l'un à 85 francs, et l'autre à 100 francs (3), un dessinateur à 150 francs (4), un agent sans dénomination bien déterminée à 100 francs (5).

D'autre part des ouvriers, des chefs d'équipe, des mécaniciens et des conducteurs de machine, (locomobile — bateau-cloche, etc.) en grand nombre, recevant par jour des salaires de 6 francs, 5 francs 50 centimes, cinq francs, quatre francs, trois francs cinquante centimes. (2)

Nous vous avons tout à l'heure parlé d'employés inutiles. Est-ce là une allégation en l'air, ou faite à plaisir ? Non, assurément, car nous rencontrons dans le personnel du port trois employés s'occupant des droits de quai, dont deux à 150 francs, et un à 100 francs par mois. Or, à quoi servaient-ils ? Les droits de quai, comme vous le savez, sont relevés par la douane, et recouvrés sur des états qu'elle fournit au percepteur.

Pour ce travail dont elle trouve nécessairement tous les éléments chez elle, la douane touche cinquante centimes 0/0 sur les sommes dont elle fait la liquidation. Il était dès lors rationnel de la laisser agir, et faire face aux exigences du service dont elle était chargée, avec son personnel, ou à l'aide d'auxiliaires payés sur l'indemnité qui lui est allouée. Cet état de choses, une fois signalé, et sauf à y revenir, en temps et lieu, pour l'étudier plus à fond, occupons-nous de la question des fournitures du Port.

(1) 1. Martin Ernest, — 2. Jules Badré, — Hamilar Emile, — 3. Armand Jean-Baptiste, Dupont Josselin, — 4. Haeckel Frédéric, — 5. Hamilar Emilien.
(2) Antoine Guichard, six francs, Urbain Givain, cinq francs cinquante, Louis Pommer Dijoux, cinq francs cinquante, Bègue Théodule, quatre francs, Geneviève Charlique, trois francs cinquante, Stuart William, cinq francs, Armand Namur, cinq francs, Bègue Moïse, Romel Denis, quatre francs cinquante, et tutti quanti.

1885

Fournitures Augustave Babet, ci 52,046.84
Fournitures Balmer et Marcelly, ci 5.573 78

1886

Fournitures Augustave Babet, ci 102.636 86
Fournitures Balmer et Marcelly, ci 2.852 34

                 Total 163.109 82

Ainsi que nous l'avons dit déjà, par suite du système en régie adopté, les fournitures dont le port pouvait avoir besoin se faisaient sans aucun appel à la concurrence, on les prenait chez qui l'on voulait, et sans que, de l'aveu de l'Ingénieur communal, les prix en fussent par lui débattus.

Et il faut le dire, c'est avec regret que nous constatons que le plus important, sinon le seul fournisseur du port, a été, pendant la période 1887, comme dans celles antérieures, M. Augustave Babet, frère et associé du Maire, nous ne saurions trop le répéter.

Pour l'exercice 1887, ses fournitures atteignent un chiffre important, 77,953 fr. 93 centimes, alors que celles faites par les autres négociants de la place, MM. Lauret et Orré et Em. Lefebvre et Cie, les seuls, ou à peu près, ayant fourni au port, ne s'élèvent qu'à 3,755 fr. 34 cent. pour les premiers et qu'à 1,408 francs 50 cent. pour les seconds. Et si nous remontons aux années 1886 et 1885, nous voyons alors les fournitures faites par M. Augustave Babet, soit directement sous son nom, soit indirectement, sous le nom de deux de ses employés, MM. Marcelly et Balmer, s'élever à 105,489 fr. 20 c., et à 57,610 62 c. tandis que celles des sieurs Lauret et Orré ne sont que de 5.481 fr. 09 c. et de 8.019 francs 08 c. et que celles des sieurs Em. Lefebvre, et Cie ne sont que de 3.225,08 et de 2.213 francs 03 c. Dans les divers comptes présentés à cette occasion par Monsieur Augustave Babet, figurent de nombreuses et fréquentes livraisons de charbon de terre. De ce chef, il a touché la somme de 60.223 francs 79 c. (Année 1887).

Comme bien vous le pensez, cet article « Charbon de terre », a appelé et devait appeler notre attention. Dans quelles conditions et à quel prix était il livré ? c'était ce qu'il importait de savoir. Or, le charbon de terre qui a été côté jusqu'à 77 francs 50 c. en 1887, et à 80 francs antérieurement, (Livraison de 100.000k. à la date du 3 Mars 1886) se payait plus généralement 75 francs, et 72 francs 50 c., et non sur le pied de 70 francs, comme on l'a prétendu. Deux fois seulement nous le voyons porté à 70 francs, et à 69 francs 55 c.

Les marchés faits à de tels prix nous ont paru excessifs. On pouvait avoir du charbon à meilleur compte, et nous n'en voulons pour preuve que les deux achats faits par la commune, en 1887 même, de Monsieur André Blay et de Monsieur Jacquelin, Négociants à Saint-Denis, au prix de 62 francs 50 c. et de 60 francs, et encore, sous escompte de cinq fr. 0/0.

Ce qui nous a surtout confirmés dans notre opinion, au sujet de la sur-
élévation de la valeur des fournitures en question, c'est le prix indiqué pour les charbons de terre par la Revue commerciale, pendant l'année 1887, prix qui, on peut le dire, n'a jamais excédé 62 francs 50 même
pour des ventes assez restreintes.

Il ressort, également des renseignements puisés à la même Revue
que le marché colonial était « abondamment approvisionné en charbon
de terre, et que cet article était même *complètement délaissé, malgré les
efforts des divers détenteurs pour trouver preneurs* ».

C'est ce qui nous conduit à penser que le charbon dit « Briquette »
ayant pu être livré sur le marché colonial à 62 francs 50 c., son prix
de revient ne saurait être de beaucoup supérieur à 45 francs. Ce prix
nous l'avons d'ailleurs établi en nous entourant de renseignements
puisés à bonne source, comme suit sur cent tonneaux de charbon.

Cent tonneaux de charbon.	francs.	cent.
Prix coûtant, ci.	4.600	»
Déclaration, ci.	»	10
Commission 3 p. 0/0 ci.	48	»
Frêt, ci.	2.500	«
Débarquement, ci.	250	»
Droit d'octroi, ci.	200	»
Total, quatre mille cinq cent quatre ving dix-huit fr., dix centimes, ci.	4.598	10

Ce qui donne pour un tonneau, quarante-cinq francs quatre-vingt dix
huit centimes.

Eh bien, allons plus loin, admettons pour un instant, ce qui n'est pas,
que nous ayons omis dans le décompte ci-dessus, certains frais non-
prévus, et augmentons en conséquence le prix auquel nous nous sommes arrêtés, de deux, trois, quatre et cinq francs au besoin, nous n'arri-
vons, malgré cela, qu'à 51 francs au maximum. Allons encore plus loin,
et ajoutons à la somme de 51 fr., le droit de quai incombant à la marchandise, et nous ne dépassons pas encore le chiffre de 58 frs. 50 c.

Et si, au lieu d'acheter sur place le charbon de terre, c'est-à-dire de
seconde main, on l'avait fait venir directement—ce qui était préférable à
tous les points de vue — la marchandise eût été nécessairement éxo-
nérée du droit de quai, le port n'ayant pas à payer ce droit à lui-
même.

Or, rien ne s'opposait, loin de là même, à la mise en pratique du système que nous aurions voulu voir adopter, puisque la Commune avait
en 1887, des fonds en France, fonds provenant du dernier emprunt qui
n'était pas encore épuisé.

Comment expliquer, étant donnée cette situation, qu'on n'ait pas son-
gé à demander en France le charbon nécessaire au port, alors surtout
qu'il s'en consommait tant et tant. Quelle économie on aurait pu réaliser de ce côté. — Le prix moyen des achats pour le port, étant au minimum de 73 francs, d'autant plus qu'ayant de l'argent en France, on

échappait à la prime des traites, prime ayant atteint pendant longtemps un chiffre élevé, et que le négociant avait à faire entrer en ligne de compte dans l'établissement de son prix de revient.

Le système que nous aurions voulu voir adopter a été combattu, et l'on essaiera peut-être encore de démontrer que tout a été « pour le mieux, dans le meilleur des mondes possibles » ; mais nous l'avouons humblement, notre esprit ne pourra jamais s'élever à une hauteur suffisante pour comprendre qu'il était préférable et plus avantageux d'acheter du charbon sur place, plutôt que de le faire venir pour compte.

C'est ainsi d'ailleurs qu'agissait autrefois la Compagnie du Port et du Chemin de fer, et qu'agissent encore aujourd'hui la Société du Crédit Foncier, et bien des particuliers. Il est à supposer qu'ils rencontrent quelque avantage dans ce mode de procéder, et nous sommes d'autant plus amenés à le croire que, d'après un document qui nous a été produit à la dernière heure, nous constatons que le charbon de terre venu pour le Port, par le vapeur le « Normand », et acheté en France, à la date du 5 avril 1885, n'a coûté en dehors des frais dont nous n'avons pu nous procurer le détail, que 13 francs 24 centimes le tonneau, c'est-à-dire, un prix moins élevé que celui que nous avons adopté dans notre décompte.

Ci après vous trouverez un tableau indiquant les fournitures de charbon faites en 1887, par M. Augustave Babet, avec les dates des livraisons, celles des paiements et le prix de vente.

1887				Débiteurs divers		Livre de caisse	
Mars	1er	236	150.000 k. à 77.50	11.625		11 625	
Avril	23	425	100 000 k. à 75	7.500		7.500	
Mai	10	530	100 k. charbon noisette à 100 francs:	100		100	
«	12	«	100.000 k. à 72 50	7.250		7 250	
Juin	2	645	100.000 k. à 72.50	7.250		7.250	
«	16	670	8.750 k. à 72.50	634	37	634	37
Juillet	18	812	1.750 k. à 72.50	126	75	126	75
«	23	«	200 morceaux charbon 12 %, à une longueur de 20 c.	242	80	242	80
Août	1er	930	40 000 k. à 72.50	2 900		2.000	
«	«	949	Payé pour transport par mer de St-Denis à St-Pierre, sur le bateau *Union* de 22 T. charbon de terre en briquettes	250		250	
«	27	978	7.165 k. à 75	537	37	537	37
Septembre	10	1081	Frêt de St-Denis à St-Pierre.	250		250	
«		«	20 630 k.ch. à 72.50	2.148	17	2.148	17
«	29	1170	25.496 k. « 72.50	1.848	46	1.848	46
«	«	«	1.980 k. « noisette à 90	178	20	178	20
			A reporter. . .	42.841	12		

					Report. . .	42.841	12		
Octobre	3	1283	2.150 k.	à 90		93	50	193	50
«	15	«	1.010 k.			65		65	
«	17	«	1.590 k.	à 72.50		115	30	115	30
«	24	«	810 k.	à 72.50		58	70	58	70
«	«	«	665 k.	à 72.50		48	20	48	20
«	«	«	1.175 k.	à 72.50		85	20	85	20
Novembre	5	1.387	40.500 k.	à 69.55		2.816	77	2.816	77
Décembre	19	1.531	200.000 k.	à 70		14.000		14.000	
					Total. . . .	60.223	79	60.223	79

Avan d'abandonner l'article charbon, sur lequel nous avons dû nous étendre, relevons un fait qui prouvera, une fois de plus, la mauvaise tenue des livres du port, chose dont vous pouvez d'ailleurs vous assurer par vous même, ces livres étant à votre disposition.

A la date du 31 janvier 1887, il est délivré à M. Augustave Babet un mandat de 7,750 francs, pour fourniture de charbon, mandat N° 28. Or, cette fourniture ne figure pas au livre de « débiteurs divers » commencé le 2 décembre 1886, pas plus que sur les livres antérieurs ; et cependant, d'ordinaire, le paiement des factures ne se faisait pas attendre, car elles étaient réglées dans un laps de temps très-court, de deux à six jours. Une seule fois le paiement s'en est effectué 13 jours après ; mais il est bon de noter aussi qu'une autre fois on a réglé du charbon qui n'était pas encore livré. (Charbon fourni le 23 avril — mandat délivré le 21) — et ce, pour 150 mille kilogrammes représentant la somme de 11,625 francs.

Ce n'est pas là une erreur d'écritures, comme vous le pourriez croire au premier abord, le fait est réel, et la manière dont l'Ingénieur Communal l'a expliqué, au sein de la Commission, ne nous a pas paru acceptable. A cet égard il vous sera fourni, s'il en est besoin au cours de la discussion, tous éclaircissements désirables.

Quant au charbon noisette, consommé en petite quantité, pendant l'année 1887, il a été fourni sur le pied de 100 francs, et 90 francs, les mille kilos. Il est évident qu'on pouvait l'avoir à moins, puisque la Revue commerciale de l'époque constate que ce charbon dont il y avait un large approvisionnement, et qui était très-peu demandé, était côté au prix de 65 francs à 70 francs le tonneau, suivant quantité. Et la même Revue signalait une vente d'une trentaine de tonneaux au prix de 65 francs.

Enfin, et comme dernière observation, nous ferons remarquer qu'il a été acheté de M. Edmond Galliot, et de plusieurs personnes, dans le courant de l'année 1887, du charbon de terre, au prix de 50 francs les 1,000 kilos. Or, renseignements pris, il est certain que le charbon de terre n'était autre chose que du poussier dont la Compagnie du Port et du Chemin de fer ne pouvait tirer parti, et qu'elle cédait en gare de Saint-Pierre à raison de 20 francs les 1000 kilos.

D'autres fournitures émanant encore de Monsieur Augustave Bebel, ont donné lieu, soit à des critiques, soit à de simples observations de la part de la commission.

C'est ainsi, par exemple, que le prix des pointes pour chevrons, et des pointes ordinaires à 4 francs et à 3 francs 50 c. a été trouvé trop élevé. Ces articles pouvaient être raisonnablement côtés, l'un 2 francs 50 c. ou 3 francs, au plus, et l'autre 3 francs.

La peinture, dont la consommation a été grande, ce qui a frappé notre attention, est portée à un franc 50 c. le kilo, lorsqu'on pouvait l'obtenir à 1 franc, ou 1 franc 10 c. au maximum.

L'huile de coco est payée 85 c. le litre, par barrique, alors qu'elle ne valait que 60 c. d'après le Bulletin commercial de 1887. Il en est de même pour l'huile de pistaches vendue à 1 franc, au lieu de 65 centimes.

Les clous galvanisés sont livrés à 2 francs 50 c. le kilo, et l'on en trouve sur place à 1 franc et 1 franc 25 c. la valeur de cet article ne dépassant pas en France 45 à 50 c. Aussi, au lieu de 90 francs ou 100 francs que devaient coûter deux cents kilos de cette marchandise, on en a à payer pour cet objet, 450 francs.

Le brai gras est côté à 80 centimes le kilo, il vaut 60. Il convient de faire la même observation pour le suif livré à 1 franc 40 c. le kilo, et qui ne vaut que 1 franc ou 1 franc 10 c. Ce sont d'ailleurs les prix payés en 1887, à d'autres, notamment à Monsieur Julien Dandrade et à Monsieur Rémy Marguerite. (Voir pour Julien Dandrade mandat N° 1270.)

Des planches de natte, dite planches sèches, ont été fournies, en assez grande quantité, au port, au prix de 3 francs 50 c. et même à 3 francs 75 c. Or, la commission s'est demandé à quel usage pouvaient être employées des planches de cette valeur. Enfin, vers les derniers jours de 1886, des traverses destinées au chemin de fer sans doute, sont payées à raison de 2 francs l'une, tandis qu'elles coûtent au plus 1 franc 50 c., et qu'on en pouvait même avoir à meilleur compte. Bien plus, six pièces de bois achetées d'un propriétaire, en Décembre 1887, pour prix de 518 francs, sont replacées au port, à la date du quinze janvier, moyennant la somme de six cent quarante sept francs 50 c. D'où une différence de 129 francs 50 c. Il est bon de noter que les pièces de bois en question ont été portées directement du port, de telle sorte que l'augmentation de prix ne peut s'expliquer en raison de frais accessoires.

Vous comprenez, Messieurs, qu'il ne nous est pas possible de passer en revue dans ce travail, les articles si nombreux et si variés des comptes qu'il nous a été donné de parcourir, nous avons dû nécessairement borner nos observations, et ne nous arrêter que sur les points les plus saillants seulement, négligeant bien des critiques de détail. Aussi, une fois pour toutes, disons-le, les choses se passaient avec un tel laisser aller, qu'il semble vraiment, et c'est l'impression que l'on ressent, que la commune n'était là que pour être mise en coupe réglée.

Témoin ce fait qui peut paraître insignifiant, mais qui cependant est révélateur au premier chef. La colle-forte se vend trois francs chez un négociant de la place, qui n'a que fort peu fourni au port, — ses factures sont rares, et montent à de très petites sommes — et l'on achète ailleurs à 4 francs. Or, tout est à l'avenant.

Nous allons maintenant, Messieurs, nous occuper de quelques articles isolés, à l'occasion desquels nous avons des observations à vous présenter.

Le premier de ces articles est un livre intitulé — le titre en est rapporté textuellement.—« L'annuaire de la Marine de commerce Française, dont le prix est de 640 francs, prix qui est payé, au moyen de deux mandats, l'un N° 675, de 533 francs au nom de Monsieur Augustave Babet, et l'autre N° 838, de 107 francs, au nom de Monsieur Camille Horrau, imprimeur de la commune.

Or, nous nous sommes demandé, et vous vous demanderez à votre tour, quelle est l'utilité de ce livre, et pourquoi il a coûté si cher. L'ouvrage vaut par lui-même de 16 à 20 francs, mais on y a fait insérer, il est vrai, une notice sur le port de Saint-Pierre, avec un plan en couleur, accompagné d'une légende, à coup sûr intéressante ; mais cela ne suffit pas pour justifier la dépense faite, car on peut évaluer raisonnablement à 100 ou 150 francs les frais d'une telle publication. C'est d'ailleurs ce qui semble ressortir d'une lettre de l'ancien Maire, couchée sur le registre de correspondance à la date du 29 juillet 1887, sous le N° 341. — En tous cas, nous n'avons pu, malgré nos recherches, mettre la main ni sur une facture de l'imprimeur, ni sur un document quelconque pouvant nous éclairer sur ce point. Dès lors, notre observation, quoi qu'il en soit, a sa raison d'être.

Nous vous avons fait savoir notre opinion sur la manière dont était tenue la comptabilité du Port, cette comptabilité si étonnante à plus d'un titre. Aussi avons-nous été surpris de trouver parmi les pièces comptables soumises à notre examen, deux mandats de 300 francs chacun, ayant pour objet des gratifications accordées à trois employés de la mairie, pour le concours par eux prêté, à l'occasion de cette comptabilité. Il eût été, à coup sûr, plus sage d'employer cette somme à augmenter le traitement de l'agent chargé des écritures, afin de l'avoir meilleur, car il fallait pour une entreprise comme celle du port, dans laquelle se dépensait tant d'argent, un homme à même, par son caractère et ses connaissances spéciales, d'occuper convenablement le poste de comptable. Et s'il en avait été ainsi, nous ne serions pas aujourd'hui aux prises avec les embarras de toute sorte que nous vous signalons, mais un comptable dans les conditions que nous aurions voulues, ne se paie pas 125 francs, surtout s'il n'est pas appelé à toucher l'intégralité de ses appointements. Or, c'était de son propre aveu, la situation de celui du Port, qui avait à se libérer d'une dette envers la Maison Babet frères et C° et était pour cela soumis à une retenue.

Un mot en passant sur un mandat de 26 francs délivré sous le N° 834, à un ouvrier du nom de Gédéon Boulanger, pour frais de déplacement pendant 26 jours. Où, Gédéon Boulanger a-t-il été envoyé, qu'a-t-il fait ? c'est ce que le mandat ne dit pas.

La commission a également constaté, ainsi que l'établissement, certains mandats, que l'on payait mensuellement a Monsieur Auguslave Babet et a Madame Ricci, d'une part 20 francs, pour logement fourni a sept engagés de la commune, et d'autre part, seize francs pour la même cause. C'est là une dépense qui n'a pas paru justifiée, car il nous a semblé que l'on aurait pu facilement trouver place au dépôt communal pour ces engagés qui étaient des immigrants.

Il nous a été donné, au cours de notre examen, de relever de fortes dépenses pour le port, en pierres de taille, en chaux et en tuf, et il est à regretter que la comptabilité du port, telle qu'elle était installée, ne nous ait pas permis de nous rendre compte, presqu'à première vue, de l'emploi exact qui a été fait de ces matériaux.

Si des livres réguliers d'entrée et de sortie avaient existé, ainsi que

nous l'avons fait remarquer plus haut, la chose eût été simple et facile ; mais c'est là une vérification à laquelle nous avons dû renoncer pour le moment, sauf à y procéder plus tard. Mais, dès à présent, nous devons vous soumettre une observation au sujet du tuf fourni pour les besoins du port, et dont le prix était assez variable. Aux uns, le mètre cube de tuf était réglé sur le pied de 4 francs, à d'autres, sur le pied de 3 francs 50 c., et enfin à d'autres sur le pied de 2 francs 50 c. D'où provient cette différence ? rien ne nous l'apprend.

Nous allons, avant de clore ce chapitre, relatif aux dépenses du port, vous soumettre une dernière observation au sujet de la fourniture des paniers employés pour les besoins des travaux. Il nous a semblé qu'avec plus d'ordre, et un peu plus de soin, on aurait pu réaliser sur ce point quelque économie.

Ainsi, du six décembre 1886 au 4 mai 1887, un seul fournisseur, car il y a eu par ailleurs d'autres acquisitions, a livré 12.638 paniers qui, à 35 centimes, comme on les payait, représentent une somme de 4.028 francs 30 c. Or, cette dépense peut être considérée comme dépassant les besoins auxquels on avait à satisfaire. A ce propos, il convient de relever une erreur qui s'est glissée dans la comptabilité, et a amené le paiement d'une somme de 105 francs en plus de ce qui était réellement dû. En effet, à la date du 16 Décembre 1887, il est inscrit au livre dit « débiteurs divers », pour 1886 1887, et au f° 38, une fourniture de 256 paniers qui, à raison de 35 c., représentent la somme de 89 francs 60 c., au lieu de celle de 194 francs 60 c. accusé à tort, d'où une différence en trop de 105 francs qu'a été payée à la date du 16 Décembre 1887. Mandat Pierre Berlaut N° 1522.

Cela dit, nous passons à la partie figurant au compte administratif sous le chapitre 3 dit additionnel, et intitulé comme suit :

DÉPENSES SUPPLÉMENTAIRES

§ 1 REPORTS

Crédits annulés — Dépenses

Restant à payer à la clôture de l'année 1886.

Aux dépenses obligatoires, les articles 4 et 22 concernant le personnel du service de l'Instruction publique, et l'acquittement des dettes exigibles, n'ont appelé aucune réflexion.

Aux dépenses facultatives, art : 5 « Frais du personnel et du matériel du dépôt communal », nous relevons encore un mandat de 2.626 francs N° 1109, au profit de M. Augustave Babet, ci. .   2.626

A l'art. 7 « Travaux d'entretien», nous trouvons une dépense de 378 francs mandatée au nom du sieur Ninou, piqueur de la Commune, sous le N° 1480, pour des travaux exécutés en régie au canal de la Grande-Montée, et nous sommes, par suite, amenés à vous prier de vous reporter aux observations qui vous ont été présentées plus haut, quant à la manière dont ces travaux s'exécutaient, se contrôlaient et se payaient. La commission estime qu'un tel mode de procéder est souverainement irrégulier, et ne présente aucune garantie.

Enfin, sous l'art. 17, « Dépenses imprévues », il a été payé à Monsieur Edouard Hoareau une somme de 40 francs, à l'occasion de voitures fournies à l'Ingénieur communal pour visites aux Grands-Bois et à la Plaine des Cafres. La commission estime que, vu le traitement élevé que touchait l'ingénieur communal, les frais des tournées qu'il est appelé à faire pour les besoins de son service doivent rester à sa charge.

Les art. 15 et 16,« Dégrèvements et dépenses diverses »,aussi bien que celui concernant les restes annulés, s'élevant à 156.659, francs 14 cent. n'ont motivé aucune observation.

Nous voici, Messieurs, arrivés au terme de ce travail que nous nous sommes efforcés de faire aussi exact que possible. Il n'a pas dépendu de nous qu'il fût plus complet. Vous en connaissez le motif, il provient des difficultés que nous avons rencontrées dans l'examen de la comptabilité que nous avions à consulter, comptabilité dont la tenue laisse à désirer sous tous les rapports, et qu'un homme compétent seulement, et des plus experts, pourra peut-être, si tant est que la chose soit possible,débrouiller et mettre au grand jour.Quant à nous, nous avons apporté dans l'accomplissement de notre mission, tout le zèle, tout le dévouement dont nous étions capables, et aussi toute l'impartialité que vous étiez en droit d'attendre de nous.

Il ne nous reste plus qu'à formuler nos conclusions et les résolutions que nous croyons devoir vous soumettre, A vous, maintenant, de les accepter, de les rejeter, et au besoin de les modifier, suivant que vous les trouverez bonnes, mauvaises, ou trop radicales. Après cela, notre devoir, accompli honnêtement et consciencieusement, il ne nous reslera plus qu'à attendre avec confiance la décision du Chef de la Colonie, appelé à se prononcer en dernier ressort, aux termes de l'article 151 de la loi du 5 Avril 1884 sur l'organisation municipale.

CONCLUSIONS

En conséquence, et pour les motifs plus haut déduits votre Commission vous propose de rejeter du compte administratif :

1° La somme de 85 francs payée pour la publication du budget additionnel de la commune de Saint-Pierre, pour l'année 1887, dans le journal « L'Enfant Terrible » ; — 2o La somme de 7,750 fr., prix de 100 tonneaux de charbon de terre dont l'entrée au port n'est point suffisamment constatée, aucune trace de la livraison de ce charbon n'ayant été retrouvée sur le « Débiteurs divers » ; — 3° La somme de 350 francs payée en trop sur le prix de 200 kilos do clous galvanisés, livrés le 2 Avril 1887, vendus 450 francs. — 4o Celle de 129 francs pour différence sur le prix de 6 pièces de bois achetées 518 francs, et replacées immédiatement à la commune à 647 francs 50 c/. — 5o Celle de 187 francs 85 c. pour différence sur le prix de la peinture côtée à 1 franc 50 c., au lieu de 1 franc 40 c., prix accepté ; — 6° Celle de 91 francs 85 c., pour différence constatée sur le prix des pointes à chevrons et des pointes ordinaires ramené à 3 francs. 7° Celle de 10,656 francs 16 c., pour différence sur le charbon de terre dont le prix est fixé, par suite d'une évaluation des plus larges, à 60 francs, car la commission, se renfermant strictement dans son droit, aurait pu s'arrêter a un chiffre à coup sûr moindre.

La commission vous demande encore le rejet du compte administratif : 1° D'une somme de 490 francs, pour différence sur le prix du volume intitulé : « L'Annuaire de la marine de commerce française ». 2° de celle de 432 francs pour loyers a tort payés à Monsieur Augustave Babet et à Madame Ricci ; — 3° De celle de 40 francs pour frais de tournées de l'Ingénieur communal.

Enfin, la commission estime qu'il est de son devoir de formuler les réserves les plus expresses, au sujet des états de solde qu'elle a eu à examiner, états dressés à l'occasion de travaux exécutés, tant au port que dans la commune ; et ce, en raison du mode adopté pour la confection de ces états et des conditions dans lesquelles se sont effectués les paiements qui en ont été la conséquence, toutes choses dont il ne lui a pas été possible actuellement de vérifier et reconnaître la sincérité. Et, à ce sujet, elle vous propose de déléguer quelques-uns d'entre vous, à l'effet de rechercher par tous les moyens possibles, même à l'aide d'une enquête, l'emploi qui a été fait dans la circonstance des deniers communaux, aussi bien que l'emploi des journées de travail indiquées comme fournies, et enfin l'emploi des matières et matériaux achetés pour le port.

Pour vous édifier sur les raisons qui ont décidé la commission à formuler les réserves et la demande dont nous venons de vous entretenir, vous n'auriez qu'à vous reporter à une lettre versée au dossier, et écrite par son président à l'Ingénieur communal qui, jusqu'à ce jour, n'a pas fourni les explications qui lui étaient demandées relativement aux états de solde, au mode de paiement, à la comptabilité, et aux emplois de journées et d'e matériaux.

À l'appui du présent rapport, il est déposé deux états constatant le relevé des fournitures de peinture et de pointes.

Quant au charbon de terre, l'état le concernant se trouve inséré au cours du rapport.

Lu et adopté en commission.

Saint-Pierre, le 18 Août 1888.

Le Rapporteur,
Signé : Ch. Le Vigoureux.

Pour extrait conforme

CONSEIL MUNICIPAL
de Saint-Pierre
SESSION ORDINAIRE
Séance du 27 août 1888

PRÉSIDENCE DE MONSIEUR FRANÇOIS ISAUTIER, MAIRE

L'an mil huit cent quatre vingt huit, le lundi 27 août à deux heures de relevée, le Conseil Municipal a été régulièrement convoqué en séance ordinaire pour discuter le Rapport de la Commission chargée d'examiner le compte de gestion du Receveur Municipal et le compte administratif de l'ancien Maire pour l'année 1887 et voter le Budget additionnel.

La séance est ouverte à 2 heures 10'.

Le Secrétaire procède à l'appel nominal.

Sont présents :

MM. Isautier François, Le Vigoureux Charles, Alezan Henri, Badré Aristide, Gruchet Wilson, Babet Auguste, Laurent Henri, Choppy Charles, Roussel Louis, Fréjaville Jean Pierre, Ragot Charles, Deltel Paul, Motais Pierre, Arnaud Guillaume, de K'véguen Louis, Schreiber Norbert, Bègue Philidor, Hoarau Rochecourt, Chimmings Victor, Pothin Erlay, Payet Alexandre.

Absents excusés :

MM. Hibon Jules, Barrabé Frédéric, Trabaud fils, Cazères Alexandre, Burel Albert, Carbon Edgard.

M. LE MAIRE. Le Conseil Municipal peut délibérer, 21 membres sont présents. (Il invite le Secrétaire à lire une lettre des habitants du Bassin Plat, de la Basse Terre, de la Chaine, etc.) « Cette lettre « demande la continuation des travaux de canalisation de l'eau de « la Plaine, et l'installation d'une fontaine-réservoir à l'intersection des « deux routes dites Paradis et de la Concession. »

M. MOTAIS — J'ai été chargé d'appuyer cette demande.

M. LE MAIRE. Il est impossible d'y donner satisfaction. Nous n'avons aucun crédit inscrit au budget de 1888 à cet effet. Je demande donc le renvoi de cette demande à la Commission du budget pour 1889.

Le Maire invite alors le Secrétaire à donner lecture du procès-verbal de la dernière séance.

M. LE MAIRE. Vous venez d'entendre la lecture du procès-verbal de la dernière séance. Je vous demande de l'approuver.

Le Conseil adopte par main levée.

M. LE MAIRE. Vous avez entendu dans la dernière séance la lecture du Rapport de la Commission chargée d'examiner le Compte administratif de l'ancien Maire et le Compte de gestion du Receveur Municipal. Sur la demande de M. Babet, le Conseil avait décidé le renvoi de la discussion à aujourd'hui. Nous allons donc discuter le Rapport.

M. Babet demande la parole et s'exprime ainsi :

« La Commission chargée d'examiner le Compte administratif du
« Maire et le compte de gestion du Receveur Municipal, a présenté
« son Rappor' par l'organe de M. Le Vigoureux son Rapporteur. Les
« différentes critiques qui y sont relatées m'ont fait une obligation de
« vous demander un renvoi à quelques jours pour y répondre. Se-
« rai-je à la hauteur de ce travail étudié par des hommes de la va-
« leur de ceux qui ont été chargés par nous de faire cet examen dans
« l'intérêt des affaires communales. Je puis douter de moi-même. Je
« m'efforcerai, pourtant, de répondre avec tout le dévouement que
« j'ai toujours porté aux affaires publiques, avec cette modération qu'il
« faut avoir dans la discussion et avec tout le respect qu'on doit non-
« seulement à ses collègues, mais encore à tous ceux qui se trouvent
« dans cette enceinte. Mais, j'espère que vous verrez en moi un Con-
« seiller qui, comme vous, aime sa Commune et désire ardemment la
« voir prospérer. Pour arriver à ce résultat, il faut que nous travail-
« lions tous ensemble, car il faut que la Commune sorte de l'impasse où
« elle se trouve.

« Répondant à la discussion générale, je dois dire que si elle
« a fait de grands sacrifices, la Commune a accompli de
« grands travaux. Elle a construit un port qui lui fait honneur et qui
« assure à la France et à tous les pays une sécurité parfaite pour leurs
« navires qui fréquentent la mer des Indes, et cela malgré la misère
« des temps. »

M. le Maire. M. Babet notre séance sera sans doute fort longue et
je vous prie d'arriver au fait, sans vous attarder trop longtemps à des
considérations générales.

M. Babet. Je ne puis faire autrement que d'entrer en matière de
cette façon, on m'a accusé d'avoir beaucoup dépensé, permettez-moi
de faire ressortir les grands avantages que la Commune retirera de ces
dépenses.

Le port et la canalisation de la Grande-Montée sont des travaux importants.

Parmi les grands travaux qui ont été exécutés, se trouve un bassin
de carénage qui rendra de grands services. La France ne sera plus
tributaire de l'Ile Anglaise et elle sera fière de savoir, qu'elle a à St-
Pierre, le bassin de carénage que les grandes dépenses qu'elle a faites
à la Pointe ne lui ont pas donné. Si le port n'est pas terminé, si le résultat n'a pas été aussi fécond que l'on pouvait attendre des grandes
dépenses que l'on a faites, cela n'a pas été de notre faute. A trois mètres de profondeur, nous avons rencontré un sous sol composé de
terre glaise et de galets, formant conglomérat, qui a résisté à tout en-
gin, et dont on n'a pu se rendre maître qu'à l'aide de dynamite. Il a fal-
lut constamment travailler au moyen de bâteaux-cloches, travail très
coûteux. Pour mieux réussir, il aurait fallu travailler à sec comme
nous l'avons fait pour la construction du bassin de radoub ; mais nous
n'étions pas outillés pour cela ; qui n'a pas constaté les difficultés dont

je parle en visitant le travail de cale sèche ? Mais la Commune ne sera pas en faillite. A force de dévouement nous la retirerons de cette situa- difficile et vous, reconnaîtrez que l'administrateur ancien a géré avec dévouement et honnêteté. Je divise le rapport en deux parties :

La première s'adresse à la gestion des affaires communales proprement dites. La deuxième s'occupe spécialement du Port.

Les critiques de la première partie sont nombreuses, (*Il lit le rapport*), notamment on s'étonne que M. Augustave Babet frère du Maire soit fournisseur de la Commune. On s'étonne que les travaux aient été faits en régie, surtout ceux de la Plaine des Cafres, on s'étonne que la méthode Néel ait été fournie tantôt à 90 centimes, tantôt à 1.50.

On critique également quantité de 10.000 k. de chaux fournie par M. Gruchet pendant une année pour les travaux d'une commune aussi importante.

A ce moment M. LE RAPPORTEUR fait observer, au nom de la Commission, qu'il ne critique point la quantité de chaux dépensée, mais le manque d'indication sur la manière dont cette chaux a été employée.

M. BABET. Je vais répondre au fur et à mesure qu'on discutera les articles. On a parlé également des livres de prix qui portaient le nom de Monsieur le Maire Auguste Babet, sur la couverture. Je ne l'ai appris que par votre rapport. Ce n'est qu'à ce moment, que je me suis rappelé qu'en mars de l'année dernière, j'avais commandé ces livres. J'ignorais complètement qu'ils fussent arrivés. J'ai demandé d'ailleurs à M. le Maire de les reprendre moyennant remboursement. On a parlé aussi d'une somme de 85 frs. payée a « l'Enfant Terrible ». La loi du 4 avril 1885 fait une obligation au Maire de publier le budget, lorsque ce budget dépasse 100.000 francs.

M. LE RAPPORTEUR fait observer que la Commission a parlé du budget additionnel, c'est celui que a été publié.

M. BABET. J'aurais dû, il est vrai, faire voter cette somme par le Conseil, mais elle ne me semblait pas assez forte pour motiver une pareille mesure.

On a critiqué aussi 2 mandats au nom d'E. Fontaine. Cela n'a pas d'importance, j'y répondrai, lorsqu'on discutera article par article.

Les travaux de la Grande Montée ont été considérables. En face d'industries nouvelles qui avaient besoin d'eau, je n'ai pas dû reculer devant de grandes dépenses pour leur donner satisfaction. Pour l'amener, il a fallu faire deux grands tunnels, l'un de 26 mètres, l'autre de 32 mètres de long, il a fallu faire aussi 7 piles, de 1 m. 50 a 4 m. de hauteur sur 4 et 5 m. de large, dans le genre de celles qui soutiennent le pont de la Rivière St Étienne. Allez voir ces travaux à la Plaine

des Cafres, Ils font l'admiration de tous ceux qui prennent la peine de
se déranger dans le seul but d'aller les visiter. Il a fallu, en outre, faire
des fouilles considérables de 200 et quelques mètres du côté du terrain de M⁻ᵉ Cléo. Des travaux aussi importants ne se font pas sans beaucoup de dépenses.

Les journaliers, à cause de l'éloignement, ne voulaient pas travailler à 1 fr. 50. J'ai pu, cependant, à force d'instances, les décider à ce
prix. Gens besogneux, et travaillant au jour le jour, je me suis vu
contraint de laisser le gardien chef du canal délivrer des bons tous
les jours. Vous critiquez ma manière de faire. Je vais vous demander
quels sont les moyens que vous avez employés dernièrement pour dé-
blayer les sources du Canal. N'avez vous pas mis votre gardien chef
à la tête de vos hommes, parce que le seul moyen de faire travailler
dans cette localité, est d'avoir un homme de confiance qui surveille les
travaux. Car il est impossible de toujours se déplacer soi-même. Vous
n'avez donc pas fait autrement que moi.

M. LE MAIRE. Soyez persuadé, mon collègue, que nous saurons tirer nos inspirations de nous-même, sans prendre exemple sur vous.

M. le Maire fait savoir au Conseil qu'il a fait exécuter récemment un
travail à la Grande Montée et qu'il s'est empressé avant de mandater
la dépense, d'envoyer M. l'Ingénieur Communal vérifier les travaux.

M. BABET. Je ne veux pas vous dire une chose désagréable, en vous
disant que dès maintenant vous avez suivi mes errements :

M. LE MAIRE. Ne comparez pas votre administration à la mienne,
car j'éprouverais de suite le besoin de me défendre.

M. BABET. Laissez-moi vous dire que j'ai été aussi dévoué que
possible à la Commune, j'ai fait pendant l'année 1887 quatre fois des
voyages pour visiter ces travaux. Voilà comment je comprenais mon
devoir. Ces travaux de la Plaine des Cafres ont été considérables. Voici des notes que j'ai prises sur les lieux en les visitant. Mais malgré
cela, tous les huit jours, au moins, je recevais un rapport qui se trouve à la Mairie :

Il donne lecture de ces rapports consignés sur le Registre du Garde-
Chef. Ces rapports journaliers vous permettront de juger de l'importance
des travaux que nous avons accomplis. Vous me direz ensuite, si autrement qu'en Règle, vous, auriez obtenu des résultats aussi grands
pour une aussi petite somme.

Voici ce que vous dites : il s'agit des sommes dépensées pour la cap-
tation des sources de la Plaine des Cafres.

(M. Babet lit la partie du rapport qui y a trait)

. . . .

Tous ces renseignements existent à la Mairie et chez l'Ingénieur
Communal. Une feuille de papier peut s'égarer, mais vous trouverez
trace des dossiers.

Quant au mode de paiment, laissez-moi vous dire qu'il était impossible de faire descendre tous les jours les travailleurs à St-Pierre pour
les payer. L'honorable M. B. Potier surveillait d'ailleurs ces travaux. Les

paiements se faisaient en public et M. Bègue y assistait souvent. Toutes les semaines il y avait un rapport, et un Conseiller Municipal visitait souvent les travaux.

2° Aucun document écrit n'a pu être produit, dit le rapport. Je n'ai qu'un regret c'est que la Commission ne se soit pas donné la peine de.....

M. Motais. Comment, M. Babet.

M. Babet. Ah ! Permettez, M. Motais, vous ne pouvez aller au devant de ma pensée. Je n'ai qu'un regret, c'est de n'avoir pas été appelé au sein de la commission où j'aurais pu donner des renseignements utiles. Remarquez, M. Motais, que ce que je dis ne peut vous offenser.

Les errements que vous me reprochez sont d'ailleurs suivis par l'administration supérieure. On ne peut pourtant pas suspecter ces fonctionnaires. Quant à J. Aloyau les cordons ont été faits pour différents travaux de la Ville même. Vous pouvez les mesurer. Il est regrettable que l'Ingénieur ne vous l'ait pas dit. Ils ont été faits pour (Rue du Commerce, de la Plaine etc,. . M. Augustave Babet paraît suspect parce qu'il est frère du Maire. Nulle part je n'ai vu chose pareille. Je ne connais pas de texte de lois défendant que le frère d'un Maire ne puisse être fournisseur. La preuve c'est qu'il a toujours été adjudicataire de différents marchés rendus publics. Il a soumissionné publiquement, en baisse probablement, s'il y trouve profit. Eh bien ! ce sont les affaires, je n'ai rien à y voir.

Vous semblez dire dans votre rapport que nous n'avons pas assez fait pour le canal Saint-Etienne. Que de fois n'avons-nous pas arrêté l'eau afin de le réparer, les habitants le savent bien ; tout ce qui était possible, a été fait. La Commune n'avait plus de ressource et malheureusement plus cela ira, pire ce sera; parce que les revenus diminuent tous les jours. La Commission se plaint de l'éclairage. Permettez-moi de croire que 26 reverbères pour 4.800 fr., c'est une erreur de plume.

M. le Vigoureux. Nous ne critiquons pas le chiffre de la dépense, nous critiquons la manière dont on exécute les conditions du cahier des charges.

M. Babet. La lumière d'une lampe doit valoir celle de 5 bougies d'après le cahier des charges. Mais à Paris même, où la surveillance est si grande, les lampistes, permettez-moi l'expression, carottent. Mais c'est affaire à la police de surveiller les reverbères. Je me suis plaint plusieurs fois au Commissaire de police à qui appartenait cette surveillance. La Commission présente encore quelques critiques auxquelles je répondrai quand le moment sera venu de discuter article par article. Voilà donc, Messieurs, où s'arrêtent vos critiques en ce qui touche la partie communale. Vous avez beaucoup critiqué la dette considérable que la Commune a à payer. Mais, Messieurs, cette dette est considérable, par cela même que nous avons cru qu'en reprenant les travaux du port nous pouvions sauver la commune de Saint-Pierre, qui est le centre de la partie Sous-le-Vent, de l'absorption dont la menaçait la création du port de la Pointe. Les ressources nous ont manqué, mais espérons que soit la Colonie, soit la France, comprendra bientôt que Saint-Pierre a fait plus que son devoir, qu'il est temps de lui tendre la main et que ces travaux considérables ne doivent pas être abandonnés et qu'ils ne peuvent ére achevés que par l'Etat. Des œuvres semblables sont nationales. Espérons, que tôt ou tard, la Commune, par son port, reprendra le rang qu'elle doit occuper et redeviendra prospère.

Nous avons contre nous, depuis quelque temps, que les navires qui fréquentent l'île ont un tirant d'eau considérable, mais Messieurs parce que le Port ne peut recevoir un navire de 3.000 ou 4.000 tonneaux faut-il que nous abandonnions la lutte ? Non, vous continuerez l'œuvre commencée, et sans défaillance, vous la terminerez.

Je vais entrer maintenant dans la discussion générale des affaires du Port. Dans cette dernière partie du rapport il y a des critiques bien amères. Depuis 7 ans mon dévouement n'a pas fait défaut à la Commune. J'ai peut-être été trop ardent, j'ai peut-être désiré terminer trop rapidement ce port. Mais cela suffit-il pour que l'on m'accuse de gaspillage. On a dit qu'avec 1.500.000 frs. on avait plus fait qu'avec la dernière somme de 3.000.000, c'est inexact. Nous avons enlevé 200.000 mètres cubes pour les 4.500.000 frs. Pour le. 1.500.000 frs. nous avons enlevé 60.000 mètres avec 3.000.000 empruntés nous avons donc enlevé 140.000 mètres cubes, malgré la nature mauvaise du sous sol. Nous avons pris sur le capital pour payer les annuités, une somme de 648.000 fr.., en outre nous avons construit le bassin de radoub qui coûte 250.000 frs. Notre port reçoit tous les navires avec plus ou moins de tirant d'eau. Il n'a coûté que 4.500.000 frs. Celui de la Pointe qui a coûté 60 millions, qui a eu à sa tête des Ingénieurs célèbres, réputés non seulement en Europe mais dans le monde entier, est-il plus avancé ? Et vous m'accusez de gaspillage ! ou est-il?

Vous m'accusez aussi de manque de surveillance. Comment pouvais-je mieux installer mes équipes? J'ai laissé des dossiers considérables des travaux que je faisais. C'étaient des rapports des travaux de jour et de nuit. Le matin on m'apportait le rapport concernant l'installation des équipes de jour, au bas figurait la quantité des déblais enlevés la nuit. Il en était de même pour les équipes à installer la nuit. Journellement c'était ainsi fait. Quand la nuit je n'entendais pas le cliquetis soit de la Drague, soit de la Locomotive, je me rendais au Port pour voir ce qui se passait, je n'ai cessé d'apporter tout mon dévouement. M. Palméro m'a parfaitement secondé, les Ingénieurs de la Pointe l'ont félicité a propos de son bassin de radoub.

On m'a accusé de n'avoir pas de comptabilité. On a même dit que le comptable employé du Port ne l'était que pour fournir des appointements sur lesquels Messieurs Babet pouvaient faire des retenues, car il devait à la maison. C'est complètement inexact.

M. Le Vigoureux. Je ne vous affirme pas la véracité du fait. Je ne fais que rapporter, et en termes atténués, la déclaration que M. Badré a faite aux membres de la Commission.

M. Babet. Les livres n'étaient pas clos, mais M. Martin les tenait au courant. Il faut être bien étranger à la comptabilité pour dire qu'il n'y en avait pas au port. Des personnes compétentes ont visité ma comptabilité, tant au port qu'à la mairie. Elles m'ont laissé la satisfaction de leur approbation. Permettez-moi de vous lire à ce sujet un passage de 2 lettres de M. de Mahy.

Première Lettre

Laissez-moi vous dire tout d'abord combien je suis content de votre résolution d'être ferme au gouvernail de notre Commune. Vous avez beaucoup fait pour elle. Votre dévouement a été absolu, votre administration intelligente et bonne. L'inspecteur en chef M. Bidot que j'ai eu l'occasion de voir il y a quelques jours m'a parlé de vous dans les meilleurs termes, et je crois qu'il a signalé votre Commune comme la mieux administrée de toute l'Il·. En faisant du port de Saint Pierre une *réalité*, vous avez rendu un grand service non seulement à la Colonie mais aussi à la France.

Deuxième Lettre

Mais votre œuvre est là, le port, le bassin de carénage, les routes, les embellissements de la ville, l'appréciation si honorable pour vous du rapport de M. l'inspecteur général Bidot est là, elle aussi..........

Mais M. Bidot n'est pas le seul, son prédécesseur donne également la même approbation.

La maison Babet a eu le privilège des fournitures. Elle a fourni du charbon, des planches, des bois, de la peinture et tout cela, Messieurs, à des prix exhorbitants, dit le rapport.

L'Ingénieur, quand il achetait, te rendait compte du prix. Il voyait ce qu'il avait à faire. Mais quant à moi j'avais toujours laissé la porte ouverte aux autres commerçants. Si la Commune a pris du charbon de terre dans ces prix c'est qu'elle y avait avantage. Si vous demandiez au chemin de fer et à l'administration ce que lui coûte son charbon de terre, vous verriez que les prix sont tout aussi élevés que ceux auquels la Commune achetait. Vous prétendez qu'un navire se chargerait de charbon à 25 francs le tonneau, c'est inexact ... Pas un navire ne consentirait à transporter du charbon de Cardiff à moins de 30 a 35 frs. le tonneau surtout en briquettes. Lorsque j'ai demandé du charbon a l'administration, elle a offert de m'en céder a 85 frs. du tonneau à prendre a St-Paul, le transport au frais de la Commune. Mais je prouverai que toutes ces critiques sont beaucoup trop dûres pour un administrateur aussi dévoué que je l'ai été. Je me réserve pour les conclusions du rapport, lorsque dans la discussion article par article, nous y arriverons.

M. Le Vigoubeux, rapporteur de la Commission, demande la parole et s'exprime ainsi :

Je viens répondre a M. Babet et soutenir les conclusions du rapport
qui vous a été présenté par la Commission chargée de vérifier le compte
de gestion du Receveur Municipal et le compte administratif de l'ancien Maire pour l'année 1887. Je serai sobre dans mes explications,
car quoiqu'il ait longtemps et beaucoup parlé, M. Babet n'a en rien dé-
truit les conclusions du rapport qui subsistent dans toute leur force.
De plus, je saurai être modéré dans ma discussion, voulant montrer
à M. Babet qu'il n'y a eu chez les membres de la Commission, ni passion ni parti pris, et qu'ils n'ont recherché que la vérité. Le rapport en
face duquel vous vous trouvez n'est pas, comme on l'a dit, un factum,
mot que l'on ne reproduit plus aujourd'hui. Non, c'est une œuvre ho-
nétement et consciencieusement élaborée, et dont les appréciations
sont en tous points justes et fondées. Si M. Babet, soyez-en sûr., a-
vait prouvé que la commission s'était trompée, ceux qui la composent
seraient les premiers à reconnaître leur erreur, car nous ne voulons
voir en lui qu'un collègue, et il n'avait pas besoin de nous demander
de le traiter comme un des nôtres.

Dans le rapport qui vous a été lu et dont la discussion est commencée, il y a des observations et des critiques. Je vais les indiquer, et
j'espère les justifier sans trop de peine. Il est inutile de m'attarder à
répondre à l'éloge que M. Babet vient de faire de son administration.
Si, comme il s'est plu à le dire, il a accompli de grandes choses, il a
eu les moyens de les faire, car il a beaucoup dépensé, trop dépensé
même, et il nous reste, à nous, la carte à payer.

Le 1er article que nous allons passer en revue est celui concernant
l'Instruction publique. Ici, les dépenses sont grandes. Elles atteignent
le chiffre considérable de 88.107 francs, ce qui représente plus du
cinquième de nos ressources budgétaires ordinaires.

Sur cette somme, 31.390 francs sont attribués,à l'époque dont nous
nous occupons, au collège de Saint-Pierre. Le reste était consacré aux
écoles communales. S'il est bon de donner de l'instruction, de la répandre le plus possible, il faut cependant se rendre compte des ressources dont on dispose et ne pas aller trop loin. Or ici, il y a eu sinon
abus, du moins excès. Un fait le prouve, ce sont les fournitures scolaires faites aux élèves dans les écoles laïques, sans aucune distinction.
On comprend que l'on donne les livres, l'encre, le papier et les plumes aux enfants dont les parents sont indigents , mais non à tous les
enfants indistinctement. C'est ainsi que les choses se passent à l'école
des Frères de la doctrine chrétienne, et nous l'avons constaté, par l'é-
tat qui nous a passé sous les yeux, et qui émane du Directeur de cette
école. La voie dans laquelle on est entré, a entraîné des dépenses.

C'est ainsi qu'en 1887 on a payé pour livres classiques et pour livres
de distribution de prix 5.607 francs. Cette somme est répartie entre
M. Roux, négociant à Paris, et M. Augustave Babet, négociant à
Saint-Pierre.

Les fournitures faites par M. Augustave Babet ont amené deux observations de la part de la Commission.

1° C'est que les prix portés aux factures ne sont pas uniformes. En effet, entre autres exemples : La méthode Néel (2° année) y est côtée tantôt 85 cent. tantôt 1 fr., tantôt 1.50. Pourquoi cette différence ?

2° C'est qu'il est regrettable de rencontrer ici comme partout. M. AUGUSTAVE BABET fournissant et fournissant toujours à la Commune, alors qu'il est le frère et l'associé du Maire.

Sur le premier point, M. Babet à répondu que son frère n'a été que l'intermédiaire de M. Roux, qu'il n'a rien vendu pour son compte, et que si les prix n'étaient point uniformes, c'est que l'on a assigné à tous ces objets, des prix commandés par les exigences des factures à fournir. L'explication ne me satisfait pas. Si toutes les fournitures avaient été faites par M. Roux, il n'y avait qu'à payer ce dernier, soit totalement, soit partiellement, par des remises faites à valoir, et, s'il y avait nécessité de scinder la facture, pas n'était besoin de toucher aux prix, de les changer. L'opération pouvait se faire en restant dans la vérité. Au lieu de payer en une seule fois, on se libérait en plusieurs, voilà tout.

Sur le second point, l'observation générale de la commission n'est pas détruite. « Pourquoi, a dit M. BABET comme tout autre commerçant, M. AUGUSTAVE BABET ne vendrait-il pas à la Commune, et ne ferait il pas de bénéfices ? » La réponse à cette objection est facile. M. AUGUSTAVE BABET a une situation particulière, il est le frère et l'associé de l'ancien Maire, et les bénéfices réalisés se partagent entre eux. Or, M. BABET faisait indirectement ce qu'il ne pouvait faire directement. En réalité, il vendait à la Commune, et achetait pour elle, de telle sorte qu'il résumait en sa seule personne les deux parties appelées à former le contrat. Il achetait et vendait, il recevait et payait. Qui alors représentait la Commune et défendait ses intérêts ?

M. BABET. La Commune aurait peut être perdu dans d'autres mains mais pas dans les miennes.

M. LE VIGOUREUX, M. Babet peut-il déclarer qu'il ne touchait point sa part sur les bénéfices que rapportaient à son frère les affaires faites avec la Commune. Non, certes. Dès lors, notre observation est fondée, en présence de la situation anormale que nous relevons.

En ce qui concerne les livres de prix que M. Babet a fait venir et qui portent son nom, livres qu'il se proposait d'offrir comme Maire, il nous a dit qu'il avait oublié de les payer. Il n'entendait pas laisser cette dépense personnelle à la charge de la commune, mais il avait quitté la Mairie avant que les livres en question aient été retirés des caisses qui les renfermaient. Il a perdu la chose de vue. Soit ! n'insistons pas davantage et tenons compte de l'intention.

Ce chapitre épuisé, parlons des dettes incombant à la Commune. En 1887 la dette exigible était de 498,195 frs 20 c/. Sur cette somme considérable, il n'a été payé que 239, 837 frs 71, à peine la moitié, c'est-à-dire que le présent se trouve grevé de la différence qu'il reste à solder.

M. BABET. Pardon, la différence a été payée depuis, seulement les pièces comptables ne sont pas encore arrivées. J'avais provision en France pour l'acquittement de cette dette et j'ai envoyé des ordres à cet effet.

M. LE VIGOUREUX. Très bien, mais comment ce paiement s'est-il effectué ? Au moyen du solde de l'emprunt de trois millions, c'est-à-dire au moyen d'une recette figurant au budget de 1888. Voilà désormais une somme détournée de sa destination et qui nous fait défaut. Et pourtant, cette somme avait reçu une affectation spéciale. Elle était acquise au budget de 1888 et on l'en a retirée. Comment, et en vertu de quel droit ? M. Babet ne les fait pas savoir.

A ce sujet nous avons parlé de la situation financière de la commune et nous avons dit qu'elle était mauvaise, très mauvaise. Est-ce une exagération de notre part? Non, car M. Babet lui-même reconnaît l'exactitude de nos assertions et le bien fondé de nos craintes; mais il ne faut pas, dira-t-il, perdre espoir, il ne faut pas nous parler de déposer le bilan de la Commune, l'Etat, c'est certain, nous viendra en aide. Le Port créé rendra de grands services à la France, c'est une œuvre nationale, et, par conséquent, on saura reconnaître les sacrifices que St-Pierre s'est imposés. Pas d'illusions, Messieurs, ne donnons pas à notre port plus d'importance qu'il n'a. Il rend et est appelé à rendre de grands services, mais n'exagérons rien ; et si bienveillant que pourra être pour nous le Gouvernement de la Métropole, voudra-t-il et pourra-t-il nous venir en aide ? Il faut désirer qu'il en soit ainsi : mais gardons-nous de concevoir des espérances qui pourraient ne pas se réaliser. En gens sérieux et habitués à aller au fond des choses, sachons envisager la situation telle qu'elle est : tachons de conjurer la banqueroute s'il est possible, en réalisant dorénavant des économies, en augmentant nos recettes et en faisant appel à la bienveillance de nos créanciers. Tachons de les toucher par notre bonne volonté et d'obtenir d'eux de reculer, le plus loin qu'ils pourront, les échéances de notre charge ; et pour cela nous devons exposer les choses telles qu'elles sont.

MONSIEUR BABET. Je n'ai rien caché de cette situation.

MONSIEUR LE VIGOUREUX. Nous n'avons su quelque chose de cette situation qu'à force de recherches. Vous ne cachez rien aujourd'hui, mais parce qu'il vous est impossible de le faire.

Les travaux d'entretien et l'éclairage de la ville ont été l'objet d'observations que la commission maintient. A cet article, comme à tous les autres, de nombreux mandats ont été délivrés au profit de Monsieur Augustave Babet.

Les travaux exécutés à la Grande-Montée ont été critiqués à cause de leurs chiffres et surtout à cause du mode adopté pour leur exécution et leurs paiements. A cela Monsieur Babet répond, nous n'avons pu faire autrement. N'insistons pas sur les caractères grandioses des travaux exécutés; je ne les connais pas. Il me semble toujours difficile d'admettre qu'on ait pu, avec 4 ou 5 mille francs, faire de grands travaux, des travaux excitant l'admiration de tous ceux qui ont pu visiter la plaine des Cafres : ce qu'il faut retenir, c'est que les dépenses al-

laient bien, mais sans contrôle aucun. C'était le gardien-chef du canal qui surveillait les travaux et faisait dresser les états de solde. L'Ingénieur ni les autres agents de la commune ne se rendaient sur les
lieux.

C'était d'après les indications du gardien-chef que les états de solde
étaient dressés, puis visés par l'Ingénieur, et accepté par le Maire.
Cela fait, on délivrait un mandat au nom d'un piqueur de la commune,
qui était censé payer les journaliers et ouvriers en présence de deux
employés de la commune ; mais qui en réalité, se bornait à remettre
l'argent au gardien-chef. De cela il res-ort, que c'était les mêmes agents
qui conduisaient les travaux, les acceptaient et en réglaient le prix. Où
est le contrôle ? Tout cela est irrégulier au premier chef et donne à
réfléchir.

A l'occasion des travaux de la Grande-Montée, on voit deux mandats
délivrés à M. E. Fontaine pour journées d'ouvriers par lui fournies.
Comment M. Ernest Fontaine qui habitait la Ville, qui n'était pas
entrepreneur, a-t-il pu fournir des journées pour un travail s'exécutant si loin de lui ? A cet endroit il n'a été rien répondu.

M. BABET. J'ai dit que M. Fontaine avait dû se rendre acquéreur
de bons délivrés journellement à des travailleurs, et que c'était ainsi
que ces journées se trouvaient mandatées en son nom.

M. LE VIGOUREUX. Après les observations motivées par les premiers articles que nous venons de passer en revue, observations que
nous nous sommes efforcés de rendre aussi courtes que possible, nous
allons nous occuper du Port et des dépenses qu'il a entraînées, ces dépenses sont grandes, elles s'élèvent à la somme de 844.279 fr. 43.

Tout d'abord, la Commission a pensé qu'il était regrettable que les
travaux du Port, pour lesquels devait se dépenser tant d'argent, aient
été entrepris en régie. C'est à coup sûr, de tous les systèmes le plus
mauvais ; il n'appelle pas la concurrence et rend le contrôle tout à fait
impossible.

L'administration s'est bien vite aperçue de la faute qu'elle avait
commise en approuvant la délibération prise à ce sujet par le Conseil Municipal de Saint-Pierre. Aussi a-t-elle voulu arrêter le mal et
à plusieurs reprises a-t-elle fait des observations à M. Babet, observations quelque peu timides qui, malheureusement, n'ont pas été écoutées.

M. BABET. Pourquoi timides ?

M. LE VIGOUREUX. Parce que l'administration semblait avoir un
faible pour vous.

M. BABET. Pourquoi aurait-elle eu une faiblesse pour moi ; vous
aussi vous avez un faible pour moi peut-être ?

M. LE VIGOUREUX. Pas tout à fait. Je vous le dirais que vous ne me
croiriez pas. Et puis, j'estime, contrairement à ce que l'on a dit, que
la parole n'a pas été donnée à l'homme pour déguiser sa pensée. Mais
ce que je puis affirmer, parce que c'est la vérité, c'est que je n'apporte

ici aucune passion et que je ne vous suis pas systématiquement hostile. Croyez-le ou ne le croyez pas.........

Donc des observations ont été faites par l'administration, elles n'ont pas été écoutées. Le Maire soutenu par son conseil a continué les mêmes errements. Et vous savez où cela nous a conduits.

En second lieu nous avons à nous occuper de la comptabilité du Port. Cette comptabilité n'existe pas, nous maintenons ce que nous avons dit à cet égard. En tous cas, elle est défectueuse au 1er chef et fourmille d'irrégularités. Les livres commencés sont abandonnés sans motif, les pages en sont blanches ou à peu près remplies, partout se trouvent des blancs et des interlignes, des écritures différentes, de l'encre de plusieurs couleurs et semblant même parfois de fraîche date. Enfin cette comptabilité tant vantée par M. Babet, et qui lui a valu les éloges, nous apprend-t-il, de l'Inspecteur en chef de la marine, M. Bidot, nous a paru un véritable casse-tête, un dédale. On ne s'y retrouve pas et la moindre recherche s'opère avec la plus grande difficulté. Les autres livres, en apparence bien tenus, sont : Un grand livre et un journal. Cela ne nous étonne guère après l'aveu fait par le comptable au sein de la commission, à savoir, que pour son journal il avait soin, la plupart du temps, de prendre les renseignements à la Mairie et à la Perception. Quant aux autres livres dits « Débiteurs divers, » ils nous ont paru aussi mal tenus que possible. Cette comptabilité, telle que nous vous le signalons, ne date d'ailleurs que d'Avril 1885. Elle a été commencée en Octobre 1885 par M. Badré, entré à ce moment au port comme comptable, et elle a été dressée, ce dernier le déclare, sur des notes, des renseignements puisés un peu partout. Et après la sortie de M. Badré qui quitte le Port vers octobre ou novembre 1887, la comptabilité cesse. Ces faits sont incontestables. Ils ressortent des déclarations de M. Badré et de l'employé qui lui a succédé à la comptabilité. Et ici se place une observation toute naturelle. Comment pouvait-on espérer avoir un comptable capable, en le payant 125 frs. par mois et surtout si l'on opérait une retenue sur son traitement, en ne lui laissant en réalité que 80 frs ?

M. BABET. C'est faux, jamais il n'a été opéré aucune retenue sur les appointements de M. Badré au profit de la Maison Babet frères et Cie.

M. LE VIGOUREUX. Je ne fais que rapporter en ce moment et en termes atténués, la déclaration faite par M. Badré devant la Commission. (MM. Alezan, Arnaud et Motais membres présents approuvent M. le Vigoureux). Quoi qu'il en soit, dit M. Le Vigoureux, il est un fait que je retiens, c'est que parmi ce monceau de livres apportés ici, je ne trouve en dehors des deux débiteurs divers que nous avons consultés et qui sont fort mal tenus, aucun livre utile à consulter. Une chose surtout nous a étonnés, c'est qu'il n'existe pas au port des livres d'Entrée et de Sortie devant servir à constater le mouvement de la dépense qui s'y faisait.

Nous vous en avons dit assez sur la comptabilité du port, cette comptabilité si étonnante et si fantaisiste. Nous allons nous occuper maintenant de deux autres questions : du personnel employé sur les travaux et des dépenses faites pour ces travaux.

Le personnel travaillant au port était trop nombreux et ne pouvait être l'objet d'une surveillance efficace. On travaillait sur divers points à la fois, et la vue d'ensemble, si nécessaire en pareil cas, faisait complètement défaut. Assurément, les conditions dans lesquelles l'entreprise se poursuivait, étaient mauvaises.

Beaucoup d'ouvriers et de journaliers étaient employés au port ainsi que le prouvent les états de solde, s'élevant par quinzaine sans tenir compte des heures supplémentaires à 12 ou 13 mille francs. Comment ces états de solde étaient-ils dressés ? Comment étaient-ils payés ? En bons ? en argent ? Nous n'avons pu le savoir. Les paiements dans l'espèce se sont-ils effectués comme ceux de la Grande-Montée ? Il y a lieu de le supposer et, comme il s'agit ici de sommes importantes, la Commission a pensé qu'il y avait des réserves expresses à faire sur ce point.

Nous avons dit, et cela est certain, que les emp'oyés étaient trop nombreux et trop payés. Rapportez-vous aux faits que signale le rapport et vous serez bien vite édifiés. Ainsi, par exemple, l'Ingénieur touchait 600 francs par mois, 400 francs pour le port et 200 francs pour la ville. Or, il ne sortait guère du port. Que signifie ce traitement qui lui était alloué pour la ville ?

Quant aux chefs d'équipes, d'ateliers, aux conducteurs de dragues, de machines, etc., ils recevaient pour la plupart une solde élévée. Et Dieu sait ce qu'ils faisaient la plupart du temps ; car ceux qui étaient appelés à surveiller les autres, étaient ceux-là mêmes qui avaient le plus besoin de surveillance.

Dans ces conditions, on le comprend aisément, l'argent s'en allait et s'en allait vite et la besogne n'avançait pas comme on l'aurait désiré. C'est pour ce motif que nous avons dit qu'en réalité, il a été plus fait, toute proportion gardée, avec les 1.500.000 frs. du premier emprunt qu'avec les fonds de l'emprunt de 3 millions dont douze cent cinquante mille francs seulement, ce qui est triste à constater, ont été dépensés sur place. Quant au reste, il a été employé à des acquisitions de machines et d'outils qui n'étaient pas toujours indispensables. Sans compter la portion consacrée à l'amortissement de la dette elle-même. C'est ainsi qu'on empruntait pour exécuter des travaux et qu'on était obligé, dès le début, de prélever sur l'emprunt lui-même les sommes nécessaires au paiement des premières annuités.

Quant aux différentes acquisitions qui se sont faites pour le Port, elles sont dans les conditions que vous connaissez déjà et qui expliquent nos critiques.

Tout ce dont le port avait besoin, ou à peu près, s'achetait chez M. Augustave Babet et à des prix toujours élevés.

Ainsi la peinture que l'on vendait ailleurs 1 fr. 10 se payait chez lui 1 fr. 30 c.

Les pointes à chevrons et les pointes ordinaires, qui valaient 2 f. 50

on 3 fr. tout au plus, coûtaient 4 fr. 50 et 3 fr. 50. Les clous galvanisés achetés chez d'autres à 1 fr. 10 c. étaient payés à 2 f. 50. Le même excès dans les prix se rencontre partout. Des traverses sont vendues à 2 fr. et elles sont achetées 1 fr. 30 et moins. Le charbon de bois est payé 1 fr. 35, on peut l'avoir à 0 fr. 90 et 1 fr. au plus.

Il en est de même pour l'huile de coco, l'huile de pistache, le suif, le brai gras, etc., etc..

Le charbon de terre, dont la consommation est grande, puisque M. Augustave Babet à lui seul en fournissait plus de 800.000 kg. dans une année, s'est vendu 80 f., 77 f. 50, 75 f. 72 f. 50. Une fois seulement 70 f. et 69 f. 50. Ces prix sont excessifs. Ils est hors de doute, quoi qu'en dise M. Babet, qu'on aurait pu obtenir le charbon à un prix moindre, soit en le faisant venir directement pour le port, soit en le prenant sur la place de St-Denis.

Il résulte en effet de la Revue commerciale pour 1887 que l'approvisionnement de charbon de terre était considérable et que le prix de cet article ne dépassait guère 60 f. ou 62,50. Et il faut bien admettre que le négociant qui vend à ce prix réalise un bénéfice. C'est ainsi que nous voyons Messieurs Blay et Jacquelin pendant l'année 1887 vendre à la commune du charbon à 60 fs. et à 62,50 sous escompte de 5 p. 0/0.

Certes, ces deux honorables négociants ne doivent pas être en perte en vendant ainsi leur charbon, et ils avaient supporté des frais dont ils devaient tenir compte pour établir le prix de leur marchandise, frais dont la commune était exonérée, la prime de change par exemple, puisqu'elle avait des fonds disponibles en France.

Pour ma part, je ne comprends guère le raisonnement de M. Babet, ni les combinaisons à l'aide desquelles il essaie de démontrer qu'il était plus avantageux pour la commune d'acheter du charbon de terre de seconde main que de le faire venir de France. Une semblable théorie n'est pas acceptab'e, aussi la démonstration annoncée sur ce point, n'a-t-elle pas été faite. Que le prix de 45 f. d'ailleurs, minimum indiqué par la commission, puisse, jusqu'à un certain point, paraître insuffisant, je l'admets, mais entre ce prix et ceux de M. Babet, l'écart est considérable. Aussi n'avons-nous pas hésité a vous dire, que même en forçant l'évaluation de la commission de 4, 5, 6, 10 f. et même 15 f. c'est tout au plus si vous arriverez au chiffre de 60 f. Vous voyez dès lors qu'une économie importante aurait pu être réalisée sur les charbons et que le grief formulé à cet égard par la commission est fondé. D'autant plus, que nous nous sommes trouvés en face d'un précédent. C'est le charbon venu pour la commune par le vapeur « Normand », dont le prix d'acquisition n'a été que de 43 f. 44 c. ajoutez à cela les frais pouvant imcomber à la marchandise, et jamais vous n'arriverez au chiffre fabuleux qu'il vous a été donné de constater.

Sur cette question de charbon, nous avons à vous entretenir de 2 faits consignés au rapport, et qui viennent corroborer nos appréciations sur le mauvais état de la comptabilité du Port.

A la date du 31 Janvier 1887 un mandat de 7,750 f. est délivré au nom de M. Augustave Babet pour 100 tonneaux de charbon. Or si le mandat figure au livre des mandats ouverts à la Mairie et au livre journal du Port, sur la tenue duquel nous nous sommes expliqués, on ne trouve nulle part trace de cette acquisition aux débiteurs divers. Toutes nos recherches ont été infructueuses sur ce point. Celles du comptable et de l'Ingénieur n'ont pas été plus heureuses. Donc les membres de la commission sont autorisés à dire, qu'il n'est pas établi que le charbon payé ait été livré et c'est pourquoi nous persistons à demander le rejet de la somme de 7,750 f.

Mais, dès à present, constatons que l'entrée du charbon au Port se faisait d'une façon anormale et irrégulière.

Ainsi, par exemple : en avril, on achète 150,000 kg. de charbon de terre a M. Augustave Babet, et nous voyons que ce charbon est payé le 21, tandis que la livraison n'en était faite que le 23. Pourquoi cela ?

A la date du 19 décembre 1887 on paie à M. Babet 200,000 kg de charbon, et on mentionne sur les livres l'entrée de 250,000 k. Pourquoi cela encore ?

Sur ces deux points les explications fournies par l'ingénieur, n'ont pas été satisfaisantes.

Dans le premier cas, on débarquait, a-t-il dit, du charbon pour M. Augustave Babet et comme on l'avait sous la main, on pouvait sans inconvénient le payer par avance. Comment vérifier aujourd'hui l'exactitude du fait avancé ? Faut-il que la commission qui juge sur des pièces, aille s'enquérir des débarquements mis en avant, et s'ils ont eu lieu ou non au moment indiqué ? Non assurément.

Mais il y a plus, cette explication ne concorde pas avec l'histoire de bons à délivrer concernant les 100 T. de charbons recherchés. Comment expliquer dans le cas actuel, l'histoire de « bons à délivrer » puisque le charbon est sur le quai. A quoi bon le transporter au dépôt de Monsieur Babet pour le reprendre ensuite. Il est plus simple de le faire entrer de suite au Port. Qu'en pensez-vous, Messieurs ?

Dans le second cas, l'explication de l'Ingénieur est encore inacceptable. Voici, suivant lui, ce qui s'est passé. On débarquait encore du charbon pour la Maison Babet frères et Cie et au lieu de se borner à recevoir dans les magasins du Port les 200.000 k. achetés, on avait reçu et emmagasiné 50.000 k. de plus à titre de provision, et cette quantité n'a été payée que postérieurement. Mais pourquoi inscrit-on sur les livres, l'entrée de 50.000 k. qui ne sont pas encore la propriété du Port ! et chose étrange, cette fois c'est le port qui reçoit en dépôt à titre de provision les charbons de M. Babet ; lorsque d'ordinaire, les charbons achetés pour le Port n'entraient pas immédiatement dans ses magasins mais restaient au dépôt de Monsieur Augustave Babet, d'où on ne le retirait qu'au fur et à mesure des besoins, suivant le système de bons à délivrer dont on nous a parlé et dont nous signalerons demain les inconvénients.

Quoi qu'il en soit, constatons dès maintenant que les affaires du Port et celles de MM. Babet semblent être trop bien entre elles, si bien qu'on pourrait dire qu'elles ne font qu'une seule et même opération.

Telles sont, Messieurs les conclusions que j'avais à vous soumettre au nom de la Commission, en réponse à celles présentées par M. Babet. La réfutation des conclusions du rapport promise par M. Babet, a été loin d'être ce qu'il avait annoncé, c'est-à-dire, présomptoire et victorieuse. Il a beacoup parlé, ainsi que je l'ai dit au début, et parlé de choses étrangères à ces débats, mais il ne s'est pas attaqué à bien des points qui devaient, pourtant, amener une discussion de sa part. Ces points, je les réserve à mon tour et je les examinerai après M. Babet, dans la réplique que j'aurai à lui fournir.

M. Babet redemande la parole sur la discussion générale.

M. BABET. M. *Le Vigoureux* vient de dire que les classiques et les livres de prix livrés l'année dernière ont été fournis par la maison Babet ff. La maison ne s'est occupée de cette affaire que comme représentant de la maison Roux de Paris qui l'avait chargée d'encaisser le montant de la facture s'élevant à 1.842 f. 85. Le double de cette facture se trouve à la Mairie. C'est sur cette facture qu'ont été faits les trois ou quatre mandats. — Pour n'avoir pas à faire un long détail des objets reçus, en mandatant la dépense, l'on ne portait sur le mandat qu'un certain nombre d'objets de façon à former la somme de 1.842 f. 85, c'est ce qui explique que le même objet n'était pas côté au même prix sur deux mandats différents. Les prix étaient fictifs, c'est ce que vous avez d'ailleurs fait vous même pour payer à la Maison Babet une fourniture de 1.200 f. de livres classiques. Je ne répondrai pas de nouveau à ce qu'on a dit des travaux de la Plaine des Cafres. Mais je vais parler du Port.

On s'étonne que des planches aient été vendues au Port par la maison Babet à raison de 3 f. 75 l'une. Il y a fagot et fagot. Les planches valent depuis 1 f. 50 jusqu'à 5 frs. — M. Joseph Hermann qui possède actuellement des planches sèches n'en vend pas une à moins de 4 f. 50 à 5 frs. M. Henri Fille a vendu au Port 60 planches à 3 f. 75, — le même jour, M. Babet en livrait à 2 f. 50. C'est que les planches fournies par M. Henri Fille étaient d'une meilleure essence que celles fournies par M. Babet. Vous vous demandez à quoi bon des planches de cette valeur ? C'était pour rembourser à la Mairie les planches dont elle avait besoin pour la construction du clocheton. Les planches de la commune emmagasinées au Port, avaient été employées pour divers travaux, il fallait les rendre à la Mairie. On a parlé des clous galvanisés. Oui 200 k. ont été vendus à 2 f. 25 le kilog. Mais en janvier, une autre maison de la place en vendait au même prix, et M. Félix Cadet en achetait à 2 f. 50. Le prix des choses varie suivant qualité.

La peinture a été vendue 1 f. 50 par M. Babet, mais, Messieurs, la peinture s'est vendue en Octobre jusqu'à ce jour de 1 f. 25 à 1 f. 40, et depuis Novembre la maison Babet a vendu au Port à 1 f. 20.

M. Motais. Vous dites que MM. Babet ff. et L. Orré, vendaient la peinture 1 f. 40 et 1 f. 50, à ce moment, d'autres commerçants de la place [en vendaient à 1 f. 10 c.

M. Babet. Cela dépend toujours de la qualité de la peinture. Un commerçant n'a pas intérêt à vendre une marchandise de même qualité que ses concurrents à un prix plus élevé. Je m'étonne qu'on ait pu me suspecter à cet égard.

M. Le Maire. Nous ne voulons pas vous suspecter. La commission veut vous prouver l'inconvénient de la convention verbale, c'est seulement ce qu'elle veut faire ressortir.

M. Babet. Le brai gras acheté à 0.75 c. sans escompte à Saint-Denis, majoré des frais de transport et revendu à 0 f. 75 et 0 f. 80 au Port, n'a pas non plus laissé de bénéfice au vendeur.

On a beaucoup parlé des prix du charbon acheté par le Port, on les a trouvés trop élevés. Mais on a acheté du charbon noisette à St-Denis à 77 f. 50 c. les 1000 kilog., on a supporté, en outre 10 frs. de frêt, 2 f. de transport, soit 89 f. 50 au total, retenez ce chiffre. On l'a vendu au détail, au Port, le 10 Mai, 1.000 k. à 100 fr. et un peu plus tard, 1.168 kilog. à raison de 90 f. Je vous demande quel est le bénéfice laissé par cette vente.

Vient ensuite la question du charbon de terre (briquette) sur laquelle la commission s'est grandement étendue et qui a même motivé le rejet de 100 tonneaux fournis au Port de Saint-Pierre, l'année dernière. On vous a expliqué que l'on n'avait trouvé aucune trace de cette livraison. Eh bien ! les livres pour la rentrée et la sortie des charbons mentionnent cette rentrée. Faites-moi donner, je vous prie, les deux livres qui se trouvent sur la fenêtre.

M. Le Maire. M. Cléménard, donnez les deux livres.

M. Babet. Je les livre à votre appréciation.

M. Le Vigoureux. Ces livres n'ont pas été produits à la commission, ils sont bien reconnaissables, l'un surtout, a la couverture tachée d'encre.

M. Babet. Je les ai trouvés ici.

M. Le Vigoureux. C'est impossible.

M.M. Alezan, Arnaud et Motais. C'est impossible.

M. Le Vigoureux. Ces livres ont été demandés à l'ingénieur et à M Badré à plusieurs reprises, à chaque fois, tous deux m'ont déclaré qu'il n'existait pas de livres d'entrées et de sorties. La commission est allée plus loin ; voulant savoir la vérité, elle a fait écrire à l'Ingénieur officiellement par son Président pour réclamer tous les livres, sans exception, qui se trouvaient au Port. Dans la lettre, il est question des livres d'entrées et de sorties que l'ingénieur et le comptable avaient dit ne pas exister. (*M. Le Vigoureux donne lecture de la lettre écrite par le Président de la commission*) ; lettre restée sans réponse, ce dont le président se plaint fortement, et qui est une inconvenance grave à son avis. Et bien ! êtes vous édifié maintenant, M. Babet ? D'où viennent ces livres ?

M. Babet. On me les a apportés ici.

M. Le Vigoureux. Qui ?

M. Le Maire. Veuillez nous faire savoir, mon collègue, qui vous a remis ces livres et à quel moment vous les avez reçus ?

M. Babet. Vous m'avez autorisé, pour pouvoir justifier mon compte admidistratif, à prendre connaissance de tous les livres composant la comptabilité du Port. Or, ne voyant pas ici les livres qui motivent votre interpellation, et sachant qu'ils existaient, j'ai dit a l'ingénieur de les rechercher. Il les a trouvés et il les a envoyés ici, vendredi, par M. Martin, ancien employé du Port. Je n'ai vu aucun mal à les recevoir, j'étais autorisé par vous à prendre connaissance de tous les livres du Port.

M. le Maire. De tous les livres que la commission avait eus en son pouvoir. Or, je constate que ies livres que vous produisez aujourd'hui n'ont pas été remis à la commission malgré ses démandes réitérées. Et ce sont des agents de la commune qui, sans me donner avis de la découverte des livres qu'ils affirmaient ne pas exister et qu'ils retrouvent ensuite, vous les remettent directement. C'est plus qu'étrange ! Cela demande des éclaircissements immédiats. Je demande que l'ingénieur soit entendu de suite par le Conseil.

M. Motais. Je me joins à M. Le Vigoureux dans cette protestation énergique. Je me demande d'où viennent ces livres et je désire que mon observation soit insérée au procès-verbal.

(Entre Monsieur l'ingénieur communal.)

M. Le Maire a l'Ingénieur. Vous aviz reçu la lettre suivante du Président de la commission chargée de vérifier le compte administratif du Maire pour 1887 ; lorsque vous l'avez reçue, M. Martin travaillait encore au Port. (*Il donne lecture de la lettre connue*) Voulez-vous maintenant répondre à 2 questions ? M. le Président de la commission n'a pas reçu de réponse de vous ; dites nous donc pourquoi ? Expliquez votre déclaration à la commission. Pourquoi lui avez-vous dit que les livres d'entrée et de sortie n'existaient pas ?

M. L'Ingenieur. On ne me les a pas demandés. On ne m'a pas parlé de livres d'entrées et de sorties, on ne m'a demandé que les débiteurs divers. Quant à la 2me question, voici : Lorsque j'ai reçu la lettre, il était tard, et j'ai remis tous les livres. .

M. le Maire. Alors vous avez envoyé tous les livres de comptabilité à la commission ?

M. Palméro. Non, je les ai mis dans mon bureau, et comme je devais monter à la Plaine des Cafres, j'ai prié mes employés de les faire parvenir à la commission avec une lettre d'envo que j'ai laissé dans mon bureau.

M. Le Vigoureux. Ces deux livres n'ont pas passé sous nos yeux. D'où viennent-ils ?

M. Palméro. C'est Martin qui savait où ils se trouvaient, il les a donnés dernièrement à M. Babel.

M. Babet. Ces livres portent la trace de deux ou trois écritures différentes.

M. Le Maire. Comment ! la commission prie l Ingénieur d'envoyer tous les livres de comptabilité et il omet les deux plus importants, en déclarant qu'ils n'existent pas, et M. Badré fait la même déclaration ! C'est réellement étrange !

M. Motais. Notre travail est fait. Je refuse de consulter ces livres qui pour moi n'existent pas et ne sont produits que pour les besoins de la cause.

M. Le Vigoureux. C'est lorsque notre rapport est terminé que vous venez produire ces livres que les fonctionnaires de la commune vous ont livrés après nous les avoir refusés. Aujourd'hui il nous est impossible de répondre à vos réfutations sur première inspection des livres. Vous voulez jeter le discrédit sur la commission et prouver que nous nous sommes trompés grossièrement en agissant à la légère.

M. Le Maire. Je demande que ces livres soient soumis à l'examen des conseillers présents.

M. Le Vigoureux. Cette écriture est toute fraîche.

M. Fréjaville. Et d'une encre qui n'est pas admise dans l'Administration.

M. Motais. On n'a pas besoin d'être très expert, faites circuler ces livres et on reconnaîtra facilement que cette écriture est toute fraîche.

M. Babet. Oui, ces écritures me semblent toutes fraîches, je le reconnais.

M. Fréjaville. M. Babet, je prends acte de votre déclaration, et je demande qu'elle soit inscrite au procès-verbal.

M. Le Maire. D'après ce que je viens de voir, on peut très bien admettre que ces livres ont disparu du Port pendant un moment.

M. Chammings. Membre de la commission chargée d'inventorier le Matériel du Port : j'ai réclamé à l'Ingénieur toutes les factures et tous les papiers qui pouvaient se trouver au Port pour faciliter notre opération ; M. l'Ingénieur a déclaré qu'il n'avait pas de livres d'entrées et de sorties.

M. Choppy. Je déclare que nous avons demandé à l'Ingénieur communal s'il avait des livres d'entrées et de sorties. M. l'Ingénieur nous a répondu que l'arrivée des marchandises n'était consignée sur aucun livre spécial et qu'on se contentait de les emmagasiner pêle-mêle.

M. Le Maire. Pour ma part, j'ignorais l'existence de ces deux livres. D'où viennent ils ? et comment se fait-il qu'en ouvrant la première page, l'on constate une écriture toute fraîche ? Je ne m'explique pas tout cela.

M. l'Ingénieur proteste. J'ai dit que ces livres existaient mais qu'ils étaient mal tenus.

M. Le Vigoureux. Mais comment ces livres nous arrivent-ils aujourd'hui ?

M. l'Ingenieur. C'est M. Martin qui les a réclamés au nom de M. Babet.

M. Le Maire. Mais la commission a demandé ces livres à M. Martin.

M. Alezan. Pas à M. Martin.

M. le Maire. La discussion du rapport ne peut-être continuée.

M. Babet. Faites venir ceux qui ont successivement tenu ces livres, MM. Gervais et Tardivel. Ils vous diront que ces livres existaient de leur temps. M. l'Ingénieur pouvait ignorer leur existence.

M. Le Vigoureux. J'admets l'ignorance de l'Ingénieur, mais aussitôt que les livres ont été découverts ils auraient dû être rendus au Maire. C'est dans le but d'égarer la commission qu'on les a cachés, en disant qu'ils n'existaient pas.

M. l'Ingenieur. Tout ce que vous voudrez, mais ne dites pas que ces livres n'existaient pas. Je n'ai pas dit cela — Lorsque j'ai retrouvé ces deux livres j'ai voulu les envoyer à la commission, mais on m'a dit qu'elle avait déjà déposé son rapport, et qu'elle ne siégeait plu s.

M. le Maire. Mais c'est sur votre propre déclaration que la commission a cru que ces livres n'existaient pas.

M. Choppy. Il aurait fallu tenir une comptabilité exacte, et aujourd'hui c'est l'Ingénieur qui vient fournir une preuve de son ignorance de ce qui se passait au Port. C'est suspect, et la commission a signalé à juste titre le grand désordre qui y régnait.

M. Motais. M. Badré nous a déclaré que ces livres n'existaient pas.

M. le Vigoureux. Il a même ajouté en sortant : Ils peuvent les chercher longtemps ? ils ne trouveront rien.

M. Motais. Permettez-moi, M. Babet, de vous poser deux questions.

1° M. Badré nous a déclaré qu'à son entrée en service il avait demandé les livres de la comptabilité du Port et qu'on lui avait répondu que ces livres n'existaient pas. Est-ce vrai ?

2° Est-il vrai que pour établir la comptabilité au Port depuis Avril jusqu'à Octobre 1885, M. Badré ait pris des renseignements un peu partout, à la Mairie et chez le Receveur ? preuve évidente que les livres d'entrées et de sorties n'existaient pas, c'est ce qui a d'ailleurs été formellement déclaré à la commission par M. Badré.

M. Babet. Je vous réponds à cela que M. Badré n'était pas chargé de la tenue des livres d'entrées et de sorties. Ce n'est qu'après son arrivée au Port que j'ai eu l'idée d'établir un magasin afin d'éviter des frais de loyer en Ville.

M. Motais. Je sais très bien que M. Badré n'était pas chargé de la tenue de ces livres, mais il a eu besoin de ces deux livres pour établir sa comptabilité générale du Port. Il n'a pas eu ces livres, et cela, a-t-il dit, parce qu'ils n'existaient pas. J'ai donc le droit de réclamer.

M. Babet. Vous n'avez pas le droit de me suspecter.

M. le Maire. Personne ne vous suspecte, M. Motais vous pose la question, peut-être avec la fougue de la jeunesse, mais sans intention de vous suspecter.

M. Babet. Pourtant 'e ton de M. Motais est provocant.

M. Motais. Je remplis mon devoir de membre de la commission chargée d'examiner le compte administratif du Maire, j'ai donc le droit en même temps que le devoir de vous demander des explications et de vous poser des questions, mais dans mon ton ni dans ma question je ne vois rien qui ressemble à une suspicion. Il n'est pas question de votre personne, il s'agit des actes de votre administration. Je vous demande d'autant plus la permission de vous poser ces questions que je ne veux pas avoir l'air de lancer d'accusation à tort et à travers.

M. Martin est introduit pour fournir des explications au Conseil.

M. le Maire a M. Martin. Vous avez été comptable au Port jusqu'au 15 de ce mois ; vous avez été appelé au sein de la commission et vous avez eu connaissance de la lettre écrite par le Président à l'Ingénieur communal. Avant de vous donner lecture de cette lettre, je vous ferai observer que vous avez copié la réponse de l'Ingénieur au Président. (Le Maire donne lecture de la lettre.) Vous avez dû être étonné, n'est-ce pas, d'apprendre qu'il n'y avait pas au Port de régis're d'entrées et de sorties. Mais puisque vous avez copié la réponse de M. l'Ingénieur vous avez dû la lire.

M. Martin. M. Palméro ne parle pas de livres d'entrées et de sorties dans la réponse qu'il m'a donnée à copier, et je n'ai pas lu la lettre écrite par M. le Président de la commission.

M. le Vigoureux. C'est très-bien, mais alors qu'est-ce que c'est que ces régistres, d'où viennent-ils ?

M. Martin. Ce sont les livres du magasin.

M. le Vigoureux. Ces deux livres ont ils été envoyés à la commission ?

M. Martin. Ils sont restés au Port.

M. le Vigoureux. A qui avez-vous remis ces livres ?

M. Martin. A M. Babet, dans la Mairie, devant le concierge, où travaillait M. Babet.

M. le Vigoureux. Vous saviez qu'on les cherchait, pourquoi les avez-vous remis a M. Babet sans prévenir le Maire ?

M. Martin. On a dit que la commission n'en avait plus besoin.

M. le Maire. La commission a demandé tous les livres de comptabilité !

M. Babet. Je me demande pourquoi on ne vous les a pas donnés. J'allais même vous interrompre à la lecture de votre rapport lorsque vous disiez que les livres d'entrées n'existaient pas.

M. le Vigoureux. Si vous aviez fait l'observation à ce moment, nous aurions pu consulter ces livres.

M. Babet. Mais vous avez les brouillons de ces livres, on y marquait l'entrée par R et la sortie par un S.

M. le Maire. M. Martin, vous déclarez que c'est vous qui avez donné ces livres a M. Babet ? où les avez vous pris ?

M. Martin. Je les ai pris avec M. Vidot.

On demande à entendre M. Vidot.

M. LE MAIRE. Le rapporteur prie M. Martin d'aller chercher la lettre de M. Palméro, lettre adressée au Président de la commission.

M. MOTAIS à M. Palméro. — Où plaçait-on généralement ces deux régistres ?

M. PALMÉRO. Dans le magasin, snr une table.

M. MOTAIS. Et vous dites que vous ignoriez leur existence ! Mais vous alliez plusieurs fois par jour dans ce magasin, vous avez dû fatalement voir ces livres.

M. PALMÉRO ne répond rien.

La séance est interrompue pour attendre le retour de M. Martin avec la réponse de l'ingénieur au Président de la commission.

La séauce est reprise.

M. LE MAIRE. Je vais vous donner lecture de la lettre de M. Palméro.

Au moment de la lecture arrive M. Vidot.

M. GAUCHET. Je déclare que l'Ingénieur m'a affirmé que la commission n'avait plus besoin de livres.

M. LE MAIRE à M. PALMERO. Vous avez déclaré au sein de la commission que les livres d'entrées et de sorties n'existaient pas.

M. LE VIGOUREUX. Nous vous avons demandé si c'était vous qui étiez chargé de débattre le prix des acquisitions des marchandises, vous avez répondu que non.

M. PALMÉRO. Pour les grands achats, non, mais pour les petits objets je ne vous ai pas dit cela.

M. MOTAIS. Ne jouez pas sur les mots, nous avons précisé, et vous avez répondu que non.

M. LE VIGOUREUX. Puisque M. Palméro se trouve en contradiction avec moi sur ce point, je fais appel au souvenir de tous les membres de la commission. M. Palméro nous a t-il déclaré ne pas avoir à débattre le prix des fournitures faites au Port ?

Tous les membres, sauf M. Barrabé, absent depuis le commencement de la séance, approuvent M. Le Vigoureux.

M. BABET. C'est une réponse absurde. L'Ingénieur ne peut rester étranger à l'achat des marchandises. Il doit forcément débattre les prix, car autrement, l'absence du Maire arrêterait tout le mouvement du Port. C'est impossible.

M. LE VIGOUREUX. M. Palméro nous avait même fait cette réponse avec un sourire qui nous avait paru drôle, il semblait vouloir nous dire qu'il n'avait rien à faire, rien à voir dans les prix des marchandises.

M. LE MAIRE à M. VIDOT. Reconnaissez-vous ces deux livres ?

M. VIDOT. Oui, ils sortent de mon bureau. Seulement un de ces livres n'y est que depuis quelques jours. Ce n'est que depuis quelques jours qu'il a paru. Il est parfaitement reconnaissable. Quant à l'autre, il pouvait y être à mon entrée au service.

M. LE VIGOUREUX. Vous les a-t-on demandés spécialement ? Les a-t-on pris dans le tas ? en connaissait-on l'existence ?

M. VIDOT. Oh ! oui, on est venu droit à eux, et on me les a demandés spécialement.

M. LE MAIRE. Enfin la commission a raison en disant que ces livres n'existaient pas, car tous ses membres en ignoraient l'existence, M. l'Ingénieur tout le premier.

M. L'INGÉNIEUR proteste.

Vu l'heure avancée, nous renvoyons la séance à demain.

M. LE MAIRE. M. le Rapporteur veut-il examiner les deux livres déposés sur le bureau ?

M. LE VIGOUREUX. Demain de 9 à 10 heures nous pourrons passer ces livres en revue.

M. BABET, sur la demande du Rapporteur, indique les pssages qui ont trait à la question des charbons.

La séance est levée à 6 heures 3/4.

CONSEIL MUNICIPAL
de St-Pierre
SESSION ORDINAIRE
SÉANCE DU 28 AOUT 1888

L'an mil-huit cent quatre-vingt-huit le Mardi 28 Août, à une heure et demie de relevée, les membres du Conseil Municipal, régulièrement convoqués, se sont réunis à l'Hôtel de Ville, dans la salle de leurs délibérations, en session ordinaire, sous la présidence de M. François Isautier, Maire :

(Même ordre du jour que la précédente séance .)

M. NOTAIS, secrétaire du Conseil, procède à l'appel nominal.

Sont présents :

MM. Isautier François, Le Vigoureux Charles, Alezan Henri, Gruchet Wilson, Babet Auguste, Lauret Henri, Choppy Charles, Roussel Louis, Fréjaville Jean Pierre, Ragot Charles, Deltel Paul, Motais Pierre, Arnaud Guillaume, de K/véguen Louis, Trabaud fils, Schreiber Norbert, Hoareau Rochecourt, Chammings Victor, Pothin Erlay, Payet Alexandre.

Absents excusés : MM. Badré Aristide, Hibon Jules, Cazères Alexandre, Barrabé Frédéric, Burel Albert, Bègue Philidor, Carbon Edgard.

M. LE MAIRE — 18 membres sont présents et nous pouvons délibérer. M. le Secrétaire ne peut donner lecture du procès-verbal de la dernière séance, à cause de sa longueur, il n'a pu le terminer. Nous le lirons dans la prochaine séance.

M. Le Vigoureux, rapporteur de la commission chargée d'examiner le compte administratif du Maire, demande la parole sur la discussion générale commencée hier.

M. BABET. Pardon, la parole était à moi, hier, lorsque la séance a été levée.

M. LE VIGOUREUX. Je suis prêt à vous la céder, mais il me semble que le conseil doit, avant tout, être mis au courant de ce qu'a fait la commission à la suite de l'incident qui s'est produit hier.

M. LE MAIRE. — Une fois la séance levée, la parole n'est plus à personne ; mais puisque M. Le Vigoureux y consent, je vais vous la donner.

M. BABET: Non, je parlerai après M. Le Vigoureux.

M. LE MAIRE. Que signifie votre observation, alors ? La parole est à M. Le Vigoureux.

M. LE VIGOUREUX, rapporteur de la commission. Messieurs, vous connaissez l'incident qui a suigi hier dans cette enceinte ; on discutait pour savoir si 7750 francs, prix de 100 T. de charbon de terre acheté le 31 janvier 1887 et figurant au compte administratif de l'ancien Maire, devaient être maintenus à ce compte ou en disparaître. A l'encontre des membres de la commission qui soutenaient que les livres du Port, les débiteurs divers du moins, ne faisaient aucune mention de ce charbon dont l'entrée était contestée, M. Babet affirmait que ce charbon était bien et dûment livré, et que cette livraison ressortait de deux livres, par lui produits à l'appui de ce qu'il avançait.

M. BABET. M. le rapporteur, je n'accepte pas votre observation je n'ai pas produit de livres.

M. LE VIGOUREUX. J'ai dit produit, et je maintiens mon dire. Je vais m'expliquer immédiatement, carrément, et la lumière se fera si elle n'est déjà faite.

M. BABET. Je ne veux pas, je n'entends pas, je ne souffrirai pas qu'on m'accuse d'avoir introduit dans cette réunion des livres nouveaux.

M. LE MAIRE — Je me rallie entièrement à ce que vient de dire M. Le Vigoureux.

M. BABET — Je ne suis pas le Maire de St-Pierre, je n'avais donc pas à m'occuper de fournir des livres à la commission ; si cette dernière, mieux inspirée, m'avait appelé, j'aurais, à cette époque, trouvé les deux livres.

M. LE MAIRE — La commission avait demandé ces livres à l'Ingénieur ; mais comme elle n'a pas la même influence que vous sur ce fonctionnaire, elle ne les a pas obtenus.

M. BABET. Je n'ai jamais eu d'influence sur l'Ingénieur.

M. LE MAIRE. Si, malheureusement, et je maintiens mon dire. (M. Babet parle en même temps que le Maire.)

M. LE MAIRE. Vous n'avez pas la parole et vous ne devez pas interrompre à chaque instant, comme vous le faites ; nous vous avons écouté dans le plus grand silence quand vous avez parlé.

M. BABET continue à parler quand même, au milieu d'une grande agitation.

M. CHOPPY. C'est intolérable, je demande le rappel à l'ordre.

M. MOTAIS. Appliquez le réglement.

M. LE MAIRE à M. Babet — Vous n'avez pas la parole, mon collègue, et je vous prie de ne pas interrompre ainsi que vous le faites. Je me résume : l'Ingénieur vous a livré des livres que l'on avait refusés à la commission.

M. Babet. M. le Président, je pensais être devant des collègues,
je ne suis ni devant un tribunal ni en chambre d'accusation.
(Bruit.)

M. le Maire. Nous sommes ici pour juger les actes de votre administration pendant l'année 1887, et nous userons de notre droit jusqu'au bout.

M. Babet. Laissez-moi vous rappeler comment les choses se sont
passées. Le jour où le rapporteur a donné lecture du résultat des travaux de la commission, et où mon administration était si vivement cri-
tiquée, je vous ai demandé, en pleine séance, de vouloir bien mettre
à ma disposition tous les livres de comptabilité du Port et toutes les pièces, et de me permettre en même temps de prendre copie du rapport.

Dans le but de faciliter la recherche de mes moyens de défense, je
vous ai demandé à consulter ces livres sur les lieux même, c'est-à-dire dans la salle des délibérations du conseil, où les régistres avaient
été apportés. Vous avez consenti à tout. Mais au lieu de m'envoyer
un employé qui aurait pu m'aider dans mes recherches, c'est le concierge qui a été mis à ma disposition. J'ai fait alors venir M. Martin, ancien comptable au port, qui pouvait me donner des renseignements u-
tiles, et faciliter ma tache. On est allé le chercher chez M. Clémendo
où il travaillait. Je lui ai demandé comment on avait pu payer 7750 fr.
pour 100 T. de charbon dont l'entrée n'était pas inscrite sur les livres.
Je lui ai fait voir alors qu'il manquait les livres d'entrée et de sortie,
parmi ceux qui se trouvaient devant moi. Je lui ai rappellé que ces
deux livres avaient été ouverts par M. Tardivel lorsque le magasin se
trouvait encore chez M. Latapie.

J'étais bien sûr de l'existence de ces deux livres, car lorsque M. Gervais a remplacé M. Tardivel j'ai assisté moi-même pendant tout un
jour à l'inventaire qui a eu lieu à cette occasion. M. Martin a été alors
les prendre au port. M. Palméro vous a démontré hier......

M. le Maire. M. Palméro n'a rien démontré.

M. Babet — Pouvez-vous admettre, que j'ai pu cacher des livres
qui devaient servir à justifier ma conduite ? C'est inadmissible.

M. le Maire — Lorsque la commission a commencé son travail,
elle a demandé à l'Ingénieur et au Comptable tous les livres de
comptabilité du Port. Elle les a tous examinés ; les deux livres d'entrée et de sortie ne se trouvaient pas parmi les autres. MM. Palméro
et Badré avaient affirmé qu'ils n'existaient pas.

Vous examinez les livres à votre tour. Ils vous paraissent insuffisants
pour votre défense ; alors, sans autorisation, vous initiez à vos recherches
M. Martin qui n'est plus employé de la Commune. L'Ingénieur, d'autre
part, sans m'avertir qu'il a retrouvé ces deux livres, vous les donne, a-
près les avoir refusés à la Commission. C'est donc bien vous qui les a-
vez découverts, c'est par vous que le conseil en apprend l'existence et M.
Le Vigoureux est parfaitement fondé à dire que ces deux livres ont été
produits par M. Babet.

M. Babet. Non, je proteste, vous avez bien entendu l'Ingénieur.

Les livres se trouvaient dans les mains de M. Vidot ; c'est là que M. Martin a été les prendre. L'Ingénieur est étranger à ce qui s'est passé.

M. LE MAIRE. Vous mettez M. Vidot en avant, parce qu'il est nouvellement employé. Mais ce dernier a déclaré au Conseil que ces livres ne se trouvaient pas à son bureau lorsqu'il a pris le service et qu'ils n'y ont paru que depuis quelques jours, envoyés par M. l Ingénieur.

M. MOTAIS. Je viens contredire M. Babet sur ce point ; lorsque la commission a commencé à délibérer, à trois reprises, elle a fait appeler l'Ingénieur pour lui dire d'envoyer tous les livres de comptes qui pouvaient se trouver au Port. Il nous a déclaré qu'il avait tout envoyé, même les cahiers de pointage. Quant aux livres d'entrée et de sortie, ils n'existaient pas suivant lui. Plus tard, lorsqu'il reçoit la lettre du Président de la Commission qui le met au pied du mur, il cherche un nouveau biais ; il prétexte un voyage à la Grande Montée ; c'est ce qui l'a empêché d'envoyer à la Commission les livres réclamés avec tant d'instance. C'est faux, non seulement la Commission en séance, mais moi-même je lui ai réclamé plusieurs fois ces livres, en ne lui cachant pas toute l'importance que nous y attachons. Son premier soin, en les retrouvant, aurait dû être de nous les envoyer, ou tout au moins d'avertir le Maire ; il n'en a rien fait. L'Ingénieur a donc volontairement égaré la Commission en lui refusant les moyens de s'éclairer.

M. LE MAIRE. M. Martin qui, à la première demande de M. Babet, lui donne ces livres, ne les avait pas remis à la Commission, au sein de laquelle il avait été appelé.

M. BABET. Mais ces livres étaient dans les mains de M. Vidot.

M. LE MAIRE. M. Vidot a déclaré qu'il ne les avait que depuis quelques jours.

M. CHOPPY. Je ne faisais pas partie de la Commission du Compte Administratif de l'ancien Maire ; mais on a lu assez souvent la lettre du Président de cette commission à l'Ingénieur pour que je sois parfaitement fixé à cet égard. Je demande à M. le Maire, de vouloir bien lire la partie de la lettre qui a trait aux livres d'Entrée et de Sortie. L'Ingénieur n'a pas répondu à ce sujet. Il accepte donc pour vrai la teneur de cette lettre et laisse croire par son silence que les deux livres en question n'existent pas.

M. BABET — Si on m'avait appelé au sein de la commission pour me demander des renseignements, j'aurais éclairci bien des points, et retrouvé les livres à cette époque.

M. LE MAIRE. La commission a jugé bon de se passer de vous.

M. BABET. Je le regrette.

M. MOTAIS. Nous avons fait notre devoir en âme et conscience ; nous n'avons rien à regretter.

M. LE MAIRE (lit le passage de la lettre demandée par M. Ch. Choppy.) Vous voyez, Messieurs, que la demande était formelle. L'Ingénieur aurait dû envoyer ces deux livres en même temps que les autres , comme l'a fait remarquer notre collègue, M. Choppy ; mais sa lettre au Président ne répond rien à la question si nettement posée. Il reste donc bien prouvé, que le Maire ne tenait à la disposition de M. Babet que les documents examinés par la commission et que ce dernier les a complétés par deux livres fournis par un de ses agents.

M. BABET. Je n'ai pas d'agent et c'est M. Vidot qui a remis ces livres à M. Martin. Mais d'ailleurs, vous devez vous rendre au moins une fois par jour au Port. Vous avez dû inspecter quelquefois la comptabilité ; je le faisais quatre fois par semaine. Vous avez dû voir alors que ces livres se trouvaient dans le bureau du comptable ; mais la commission m'accuse à tort; si celle qui examinera votre compte administratif l'année prochaine est animée du même esprit, vous verrez se reproduire, contre vous, les mêmes accusations.

M. LE MAIRE. J'espère bien le contraire ; on ne portera jamais contre mon administration des accusations pareilles, accusations qui pourraient être fondées après tout.

M. BABET. Elles ne le sont pas, et dès maintenant je vais me retirer sans y répondre, puisque vous voulez me condamner sans m'entendre.

M. LE MAIRE. Vous ne vous retirerez pas, car vous avez besoin de vous défendre.

M. BABET. Je sortirai d'ici blanc comme neige, j'ai rempli mon mandat avec autant d'honnêteté et de dévouement que vous remplirez le vôtre.

M. LE MAIRE. Il ne s'agit pas de mon administration, mais de la vôtre ; et j'ai la certitude qu'on ne relèvera jamais, contre moi, les charges qui semblent peser sur vous. Mais il est temps de revenir à la discussion du Rapport ; la parole est à M. Le Vigoureux.

M. LE VIGOUREUX — Messieurs, je m'expliquais, avec vous au sujet de livres que la commission, d'après votre désir, a dû examiner ce matin, lorsque M. Babet, m'a intempestivement et bruyamment interrompu, en disant : « Je ne veux pas, je n'entends pas, je ne souffrirai pas. »

Ces mots ne sont pas de mise aujourd'hui dans la bouche de M. Babet, car il ne commande plus dans cette enceinte, et s'il avait écouté avec un peu de patience, il aurait vu que mes paroles ne devaient en rien éveiller sa susceptibilité.

Au moment où M. Babet m'a si violemment interrompu, mon langage comme toujours était calme et convenable. Je me vois donc dans la nécessité de lui dire, en présence de l'attitude qu'il semble vouloir prendre à mon égard, que je ne m'émeus nullement de ses interruptions bruyantes et de ses éclats de voix, qui me font l'effet de ces orages lointains qui grondent toujours et ne tombent jamais ; de loin, le danger paraît grand et vous effraie, on s'approche, il diminue, et face à face il disparaît

M. BABET. C'est vous qui savez faire le tonnerre et non pas moi.

M. LE VIGOUREUX. Je me suis toujours exprimé en termes convenables. Je le devais, à vous, Messieurs, et à moi-même, mais aujourd'hui, M. Babet devient agressif, il semble nous dire que nous avons quelque chose à redouter, nous ne craignons rien. Je ne suis pas de ceux que l'on trouve toujours sur le terrain de l'insolence et jamais sur celui de la responsabilité.

M. Babet reproche souvent de n'avoir pas été appelé au sein de la Commission, il voit là un parti pris d'accuser et d'accuser quand même. Pour qui nous prend-t-il? Notre devoir était de faire la lumière. En âme et conscience nous l'avons faite aussi complète que possible.

La Commission avait à se prononcer sur des pièces comptables, sur des documents qui lui étaient produits, et dès lors son rôle était des plus faciles. Qu'avions-nous besoin de la présence de M. Babet? Que nous aurait-il appris de plus que MM. Palméro et Martin que nous avions entendus.

Mais terminons avec ces incidents, et revenons à la question. Je disais, que pour sa justification, M. Babet avait produit deux livres (ce qui ne signifie pas introduire,) mot de M. Babet), desquels, il résulterait suivant lui, que la fourniture de charbon payée le 31 janvier serait pleinement établie. Est-ce exact? Nullement. Ces livres, que la Commission n'avait pas sous les yeux, lors de son travail, — ce qui est regrettab'e, — ne disent absolument rien.

En effet, si nous prenons le fameux livre d'entrée et de sortie, aujourd'hui retrouvé, nous n'y voyons nullement inscrite la fourniture de charbon du 31 janvier. Ni au 31 janvier, ni plus tard, les 100.000 kilos de charbon achetés ne sont inscrits sur ce livre qui ne fait que constater les entrées partielles de cette marchandise en magasin.

Ce charbon qui entre ainsi est-il celui du 31 janvier 1888? est-ce le solde d'une précéden'e acquisition? ce qui s'expliquerait en présence de ce système déplorable de bons à délivrer qui était en pratique au Port. La porte est ici ouverte à toutes les suppositions et à toutes les hypothèses, en raison des irrégularités de cette comptabilité si vantée de M. Babet.

Ainsi par exemple, admettons pour un instant, en présence du système des bons à délivrer, que le charbon acheté ait été mis au dépôt de M. Babet — ce qui est une irrégularité, ce qui même n'est guère possible pour les raisons déjà déduites — eh bien! comment se fait-il que lorsque la quantité achetée est épuisée, lorsque l'on rend au vendeur le bon à délivrer, on ne fasse pas le relevé des entrées partielles pour montrer que tout le charbon auquel on avait droit est entré. La quantité totale n'est inscrite au livre d'entrée et de sortie, ni au moment du paiement ni après la réception. Est-ce là une comptabilité sérieuse?

Aussi avons-nous cherché à nous rendre compte de la situation par un autre moyen, et pour cela nous avons voulu savoir qu'elle était la quantité de charbon de terre, livrée par M. Augustave Babet pendant l'année 1887. A cet effet, nous avons fait appeler au sein de la Commission le magasinier employé en 1887, et nous l'avons invité à faire lui-même, le relevé des charbons fournis par M. Babet, car nous avions trouvé sur le livre d'entrée et de sortie, des charbons avec les mentions suivantes : Charbon du Notre Dame de la Garde etc... à propos desquels aucune indication précise n'a pu être donnée, ni par le magasinier, ni par l'Ingénieur; Or, savez-vous à quel résultat vraiment incroyable nous sommes arrivés? C'est que M. Augustave Babet a fourni plus de charbon qu'il ne lui en a été payé. Ainsi ses fournitures s'élèvent d'après le relevé du magasinier à 836.910 kgr.; alors qu'il n'a réellement touché que le prix de 808.531 kgr. à peu près.

Comment expliquer cette différence, sinon par la mauvaise tenue des livres, par des indications insuffisantes fournies au magasinier, par ces entrées partielles ne se soldant jamais, toutes choses, qui en grande partie, sont le résultat du système de bons à délivrer qu'on avait adopté au Port, et dont on se prévaut aujourd'hui pour expliquer les irrégularités que nous signalons.

M. BABET. Accusez, accusez toujours.

M. LE VIGOUREUX. Je ne porte pas d'accusations téméraires, mais je déclare qu'il est impossible de faire la lumière complète avec cette comptabilité. Il y a loin d'un rejet de compte à l'accusation au devant de laquelle vous semblez aller.

En tous cas, Messieurs, pour vous donner une idée plus exacte encore du peu de régularité de la comptabilité du Port, je vous signalerai les deux faits suivants :

1° Sur l'un des livres produits par M. Babet on trouve qu'à la date du 19 Xbre 1887, il est entré au Port 250.000 kgr. de charbon, et cependant 200.000 kgr. seulement ont été achetés et payés. Pourquoi alors porter comme entrés 250.000 kgr. ? Vous connaissez les explications données à cet égard par M. l'Ingénieur, vous en apprécierez la valeur : la différence de 50.000 kgr. était reçue, à titre de provision et par anticipation. Est-ce acceptable ? Ainsi, tantôt on prend à M. Augustave Babet, plus de charbon qu'il n'en vend, tantôt on laisse chez lui le charbon acheté et on ne le fait venir qu'au fur et à mesure. Tout cela, il faut le reconnaître, ne prouve pas une excessive régularité.

2° Pour l'autre livre, il est facile de constater, qu'il a été arraché des feuillets à deux endroits : de la page 50 à 60 et de 89 à 97, de telle sorte qu'aujourd'hui, les titres inscrits sur le livre en question ne se rapportent plus ; et ce livre a pourtant servi de Grand Livre,— avant d'être transformé, on ne sait trop pourquoi, en Débiteurs Divers ; si bien, qu'il porte, à cause de son importance sans doute, le visa du Maire avec indication du nombre de pages qu'il contenait. Est-ce ainsi, Messieurs, que sont tenus les livres d'une comptabilité exempte de reproches ?

Et à ce propos, disons un mot de cet éloge dont a fait un si grand état M. Babet, et qui lui aurait été décerné par M. l'Inspecteur en Chef Bideau. Vous avez présents à l'esprit les termes du rapport de M. Bideau, dont on vous a lu quelques passages, et ils n'ont ni le sens ni la portée que veut leur donner M. Babet. Que dit M. Bideau en somme ? ma vérification a été très sommaire, elle a porté sur les opérations d'un mois, la comptabilité *paraît bien* tenue, elle semble ne pas laisser à désirer. Est-ce une affirmation nette et catégorique ? ou une observation formulée simplement en termes qui n'engagent pas outre mesure celui dont elle émane ? Et puis, quels sont les livres qui ont été soumis à l'examen de M. l'Inspecteur Bideau ? Aucun de ceux qui sont ici ne porte son visa.

Sur la question de 100 tonneaux de charbon qui nous occupent en ce moment, voici franchement mon opinion. « Il est difficile de sa-« voir si le charbon est entré ou non. Affirmer qu'il n'a pas été livré « au Port, serait peut-être téméraire. Il y a un doute, à vous de l'in-« terpréter comme il convient et c'est ce que vous saurez faire. »

M. Babet. Alors vous reconnaissez que le charbon a été livré.

M. Le Vigoureux. Il est impossible de reconnaître quoique ce soit avec le système de comptabilité du Port.

Toute la matinée, nous avons examiné ces livres, nous n'avons rien vu qui puisse changer les conclusions de la Commission.

M. le Maire. La Commission demandait le rejet d'une somme de 7.750 f. Abandonne-t-elle le rejet de ce mandat ?

M. Le Vigoureux. Nous maintenons nos conclusions, en laissant au Conseil le soin de juger et de prononcer. M. Barrabé était souffrant, et nous ne voulions rien changer en son absence.

M. Babet. Vous étiez en majorité pourtant, mon collègue.

M. Le Vigoureux. Nous n'étions que trois, nous avons donc main-tenu nos conclusions en faisant connaître au Conseil l'incertitude dans laquelle se trouvait la Commission. Et comment voulez-vous qu'il en soit autrement, devant le laisser aller qui existait au Port. Les exem-ples fourmillent, permettez-moi de vous citer encore celui-là. Les li-vres du Port mentionnent l'entrée de 150 T. de charbon à la date du 23 Avril. Or le mandat était payé le 21. L'Ingénieur n'a pu se discul-per, M. Babet n'aurait pu le faire plus que lui. Ce n'est qu'à la fin, que M. Palméro nous donne cette explication aussi peu satisfaisante que toutes celles qu'il a fournies, à chaque fois que nous l'avons poussé dans ses derniers retranchements. « Un navire déchargeait du char-bon, la Commune en achetait, le charbon n'était pas débarqué, mais il était à notre disposition, il a été payé.

Enfin mon dernier mot le voici : si j'avais trouvé la preuve évidente de cette entrée, je ne l'aurais pas contestée, mais les livres qui devaient nous éclairer n'ont pu modifier notre opinion d'une façon certaine, et tout ce que nous pouvons faire, c'est de laisser à M. Babet le bénéfice du doute où nous nous trouvons.

M. Babet demande la parole qui lui est accordée par M. le Prési-dent.

M. Babet. On vient de vous fournir des renseignements au sujet de la question du charbon de terre, dont je vous entretenais hier. Mais en raison de ce qu'à la dernière heure, deux livres avaient été mis à ma disposition pour me fournir les renseignements dont j'avais besoin pour me défendre, on a dit que j'avais fait pression sur l'Ingénieur. Je n'ai jamais fait de pression sur qui que ce soit, quand il s'est agi d'affaires publiques. Accusé et critiqué dans mon administration, j'ai dû chercher ma justification dans tous les livres que je trouverais. Lorsque je suis venu consulter les documents à la mairie, ne trouvant pas de quoi me justifier dans les Débiteurs Divers, j'ai cherché des arguments dans les autres livres de comptabilité qui manquaient. On m'a dit qu'ils étaient au Port. J'ai prié M. Martin d'aller les chercher et de venir m'aider dans mes recherches.

M. LE MAIRE. M. Martin, appelé par la Commission, n'a pu lui fournir les livres qu'il vous a remis ; j'insiste, c'est important.

M. BABET. Je ne veux pas qu'il reste de doute dans l'esprit des Conseillers et de tous ceux qui sont ici....

M. LE MAIRE. Vous ne devez pas vous adresser à la galerie, mais aux membres du Conseil seuls. Pourquoi M. Martin vous a-t-il remis les livres qu'il avait refusés à la Commission ?

M. BABET. Vous me prévenez par vos questions, mon collègue. Comment voulez-vous que j'aie pu pousser les employés du Port, à ne pas donner des livres qui devaient servir à ma justification ? Non, ces livres se trouvaient dispersés un peu partout, et c'est lorsque le Président de la Commission a écrit, que M. Palméro, à force de recherches, les a retrouvés sur la table du magasin et qu'il les a envoyés au bureau de M. Vidot avec qui Martin les a pris.

M. LE MAIRE. Permettez-moi de vous dire que ces livres auraient dû être remis au Maire.

M. BABET. C'est la 3e fois que vous me le dites.

M. LE MAIRE. Je vous le dirai une 4e fois au besoin.

M. BABET. J'emploie les moyens de défense qui me sont favorables. C'est un fait acquis, vous n'avez plus à en parler.

M. LE MAIRE. Si c'est un fait acquis, n'en parlez plus, car, à chaque fois, je vous ferai la même observation.

M. BABET. On a dit que la comptabilité du Port était détestable, que l'on avait déchiré un livre ; mais, est-ce pendant ou après mon administration ? Ces livres n'en sont pas moins exacts, ils n'ont pas été faits pour les besoins de la cause. S'ils ne sont pas tenus en partie double, c'est que toute comptabilité administrative doit l'être en partie simple. Vous dites qu'il n'y a aucune trace du passage de M. Bideau. Je vais vous fournir le texte officiel du rapport de M. Bideau, parce que je ne veux pas qu'on m'accuse d'inventer. (M. Babet lit le texte officiel du rapport de M. Bideau pour 1887. . . . .

. . . .

Un Inspecteur en chef de la marine doit être compétent en comptabilité. Il donne sa manière de voir sur la perception des redevances municipales, et il me félicite de la rentrée des impôts. . . . .

. . . .

M. MOTAIS. Ces félicitations sont méritées et je m'y associe, mon collègue. Plusieurs en savent quelque chose et je n'ai pas été sans en avoir la preuve.

M. BABET. Oui, M. Motais, je me flatte d'avoir toujours su faire mon devoir, sans être arrêté par aucune considération.

Vous critiquez le système de bons à délivrer employé pour les mouvements de charbon au Port. Mais lorsque le charbon se trouvait dans le parc de la maison Babet, l'Ingénieur en avait la clef; et c'est pour éviter le déchet qui se serait produit en faisant faire un double mouvement au charbon, que nous avons fait cet avantage à la Commune.

M. LE VIGOUREUX. C'est une manière de faire qui n'est pas régulière. Vous ne pourrez prouver le contraire.

M. BABET. En opérant ainsi, on évitait une perte.

M. LE MAIRE. Le fournisseur aurait pu expédier directement au Port, le déchet eût été ainsi évité.

M. BABET. C'est vrai, mais le vendeur n'était pas obligé de transporter la marchandise dans le magasin du Port.

M. LE MAIRE. La Commission est donc en droit de critiquer le rapport de M. Bideau, la comptabilité laisse beaucoup à désirer.

M. BABET. Le charbon était déposé au parc de M. Babet qui avait donné un bon à délivrer. L'Ingénieur avait la clef du dépôt en sa possession.

M. LE MAIRE. Alors le dépôt Babet était devenu dépôt communal.

M. BABET. C'était une preuve de confiance que la maison Babet donnait à l'Ingénieur en lui livrant la clef de son dépôt.

M. LE MAIRE. Enfin le charbon était payé et se trouvait encore chez vous ?

M. LE VIGOUREUX. On aurait dû constater cet achat sur les livres le jour même où l'on délivrait le mandat de paiement.

M. BABET. C'est vrai, mais cela ne prouve pas que la comptabilité soit mauvaise au Port.

M. LE MAIRE. Plusieurs membres : mais vous venez de reconnaître le contraire en approuvant la remarque de M. Le Vigoureux.

M. BABET. Mais le rapport de M. Bideau est formel à cet égard.

M. LE VIGOUREUX. La Commission reconnaît que M. Bideau dit que ces livres *semblent* bien tenus, mais à notre avis, il ne les a pas inspectés en détail. Cela ressort des termes mêmes de son rapport.

M. MOTAIS. M. Badré a déclaré qu'entré au service en Octobre 1885 il avait établi la comptabilité du 4 Avril à Octobre 1885 sur des notes prises un peu partout, par conséquent cette comptabilité est fictive.

M. LE VIGOUREUX. M. Martin qui a remplacé M. Badré a déclaré qu'il n'était pas comptable et que par conséquent, il ne pouvait tenir de comptabilité régulière.

M. MOTAIS. Je certifie sur l'honneur que M. Badré a fait la déclaration ci-dessus. Je lui ai même fait remarquer la gravité du fait dont il s'était rendu coupable.

M. BABET. Je sais qu'à mon retour de France j'ai installé la comptabilité ; mais je crois me rappeler que ces livres étaient en effet tenus par le comptable de la mairie. Elle a été établie plus tard au Port.

M. Motais. C'est ce que la Commission constate, c'est ce que je prie le Conseil de bien retenir ; à un moment donc la comptabilité n'a pas existé au Port.

M. Babet Mais si cette comptabilité n'existait pas au Port, elle existait en partie simple à la mairie. Plus tard M. Badré l'a établie en partie double au Port;

M. le Maire; La Commission a donc raison de constater que la comptabilité n'existait pas au Port, dès le 4 avril 1885.

M. Le Vigoureux. Ce journal qui commence au 4 avril n'a été établi qu'en octobre.

M. Babet. Je persiste à dire que cette comptabilité existe réellement depuis le 4 avril, puisque les livres commencent à cette date.

M. Le Vigoureux. Mais celui qui l'a établi n'est entré au Port qu'en Octobre de la même année.

M. Choppy. Le conseil est suffisamment éclairé, nous ne pouvons discuter éternellement sur des pointes d'aiguilles. Il n'y a de pire aveugle que celui qui ne veut pas voir.

M. le Maire invite M. Babet à passer à une autre question.

M. Babet. Je vais vous parler du prix de revient du charbon de terre. D'après le rapport de la Commission, le charbon doit revenir à Saint-Pierre à 45 frs. le tonneau et voici comment le Rapporteur établit son compte. Il lit le compte du Rapporteur. . . . .

Ces chiffres sont inexacts. Ainsi : où prenez-vous votre charbon à 16 frs. du tonneau ?

M. Le Vigoureux. Où avez-vous pris celui du Normand à 13 frs 44 ? (on rit).

M. Babet. En Angleterre. Eh bien ! Monsieur le Rapporteur, je dis qu'en prenant le charbon à 13 frs, il ne peut — voie Cardiff — vous revenir à si bon marché !

Un navire ne s'affrête pas pour ces parages, à moins de 30 à 35 frs. le tonneau, 1 f. 50 ou 2 francs pour frais d'arrimage, le déchet qui est considérable, le débarquement en rade, 7 f. 50. Droit de quai 7 f. 50.

M. Choppy. Mais les navires entraient dans le Port, vous n'aviez donc pas de débarquement en rade, et puis le charbon acheté par la Commune ne devait pas payer de droit de quai.

M. Babet. Pardon, la Commune percevait quand même les droits de quai, qui étaient payés par la maison de Commerce et étaient un bénéfice pour elle. Quant au débarquement, vous savez très bien que les marines opéraient même dans le Port à des prix excessifs, ainsi une partie de ce charbon a été débarquée en rade à raison de 7 f. 50 pour alléger le navire et le reste à 5 frs. (A l'appui M. Babet lit une note des marines établissant les prix du débarquement).

M. Choppy. Le Port aurait pu continuer à opérer ses débarquements par lui-même, il aurait pu alors éviter cette dépense.

M. Babet. Il n'y aurait eu aucun bénéfice à opérer par soi-même.

M. Choppy. Ne dites donc pas que les marines font des monceaux d'or.

M. le Maire. Revenons à la question. Etablissez le prix de revient du charbon apporté par le Normand.

M. Babet. Avec le frêt il revient à 80 et 90 f. le tonneau et même 100 frs.

M. Le Vigoureux. On le livrait à 60 f. du tonneau à la même époque à Saint-Denis.

M. le Maire. Prouvez-nous maintenant que la commune avait intérêt à s'adresser à un tiers, plutôt que de faire venir directement son charbon.

M. Babet. En faisant venir elle-même son charbon, la commune aurait été obligée de créer un parc, de plus il lui aurait fallu acheter des sacs pour ramasser son charbon.

(Rires et protestations.)

M. le Maire. Comment faisait la commune avant la création de votre parc ?

M. Babet. Croyez-vous que celui qui a bien voulu fonder un parc à charbon, l'a fait dans le but de gagner ? Non, les propriétaires du charbon, nos mandants, avaient prié la maison Babet d'installler un nouveau dépôt à la Pointe. Elle a refusé par patriotisme ; car si le parc à charbon s'était créé à la Pointe, son Port prenait plus d'importance. Le Port de Saint-Pierre perdait la perspective de voir les navires venir s'approvisionner à Saint-Pierre même. Il en est de même pour le dépôt de cuivre que j'avais voulu créer et dont je me suis beaucoup occupé.

M. Choppy. Je voudrais savoir quelle est la compagnie qui nous envoyait si gracieusement du charbon ? Elle devait y trouver son profit. Pourquoi laisser à cette compagnie un bénéfice que la commune pouvait faire en créant pour son compte un dépôt de cette marchandise. Je n'ai fait venir qu'une fois du charbon en petite quantité, cela m'a coûté 70 frs. Mais M. Lebeaud m'en proposait à 55 frs. du tonneau, si j'avais voulu transformer mon usine et brûler du charbon de terre.

M. Babet. Je déclare qu'un parc de charbon ne peut donner de bénéfices qu'aux propriétaires de mines en Europe. Tous ceux qui veulent spéculer sur cette marchandise perdent toujours. L'administration a voulu m'en céder à 85 f., c'était le prix auquel lui revenait le tonneau.

M. le Maire. La commune a fait venir elle-même son charbon, lors du premier emprunt. A combien est revenu le tonneau ?

M. Babet. Ce doit-être très cher, je ne puis fixer, mais ne jetez pas la commune dans cette voie de spéculations dangéreuse pour elle.

M. Le Maire. Je saurai toujours la diriger, sans avoir besoin de vos conseils ; si j'ai accepté les fonctions de Maire, c'est que je me sentais capable de les remplir.

(M. Chammings arrive à ce moment).

M. Babet. Je ne voulais pas que la Commune entrât dans la voie des spéculations. Je laissais cela à l'industrie privée. Le charbon qu'elle aurait acheté directement en Europe, lui serait revenu plus cher qu'en s'adressant à un dépôt établi dans le pays même.

M. Le Vigoureux. Si vous consultez la Revue Commerciale, vous voyez que le charbon est coté à 62 f. 50. La commune pouvait éviter des frais que le négociant est obligé de supporter. Elle aurait donc pu payer moins cher encore, en faisant venir d'Europe.

M. Babet. Il n'y a eu que quelques petits lots vendus dans ces prix. La commune les a tous achetés.

M. le Maire. La commission s'étonne de voir des maisons de Saint-Denis vendre du charbon à 62 f. 50, tandis que la commune achetait ailleurs à 77 f. 50.

M. Babet. Ces maisons étaient en liquidation et vous savez qu'alors les marchandises sont vendues à bas prix et que l'on perd beaucoup.

M. Motais. Pas toujours, il y a des liquidations qui rapportent beaucoup, M. Babet.

M. Le Vigoureux. Il ne s'agit pas de maison en liquidation, ni de petits lots isolés, mais de la situation générale de la marchandise dans le pays. (Il lit la Revue Commerciale de février 1887.) Le charbon se vend à 62 f. 50. Le stock sur place est très fort. On obtiendrait à meilleur marché en achetant en gros.

M. Babet. Voici un prix courant en janvier 1887. (Il lit à son tour un bulletin Commercial). Le stock est très fort et le charbon est côté à 75 et 80 f. Quant aux prix donnés par la Revue Commerciale, je dois vous dire que lorsqu'un négociant est abondamment fourni d'une marchandise, il cherche à empêcher l'importation de cet article, afin d'écouler plus facilement ce qu'il a en magasin. Dans ce but, il fait quelques ventes de petits lots à bas prix, et le journal qui en est informé fixe un prix qui déprécie la marchandise. Mais ce ne sont pas des prix réels.

M. Motais. Allons donc, ces renseignements sont contrôlés par la Chambre de Commerce.

M. le Maire. La Commune aurait-elle bénéfice à faire venir elle-même son charbon ?

M. Babet. Essayez sur petite quantité et vous verrez ce que cela vous coûtera.

M. le Maire L'expérience ne prouverait rien dans ces conditions. Mais vous devriez pouvoir nous donner un prix exact. Vous en avez fait venir directement lors du premier emprunt.

M. Babet. Je ne me rappelle pas ces prix, mais justement parce qu'il y avait perte, j'ai dû renoncer à ce moyen.

M. le Maire. Bref, suivant vous, il y a avantage à traiter avec une maison de St Pierre.

M. Babet. Vous admettrez bien que le jour où il y aura un parc de charbon à la Pointe, la Commune aura avantage à s'adresser-là, plutôt qu'en Europe. Enfin je ne vois pas que la Commune ait perdu dans cette affaire de charbon.

On a parlé aussi d'un livre intitulé : « Annuaire de la marine de Commerce Française » On se demande pourquoi une somme de 640 f. a été versée pour cette publication. Ce volume est considérable. Il se vend 30 f. et non 16 f. comme on l'a dit.

M. LE VIGOUREUX. C'est le prix porté sur l'ouvrage (Il lit sur la couverture 16 fr. pour la France, 20 pour l'étranger.)

M. BABET. Je ne me rappelle plus le nom de la personne à qui j'ai eu affaire à Paris au sujet de ce livre. Il m'a dit : Si vous voulez me donner 600 fr. , je reproduirai le plan lithographié du Port de St-Pierre, accompagné d'une notice faisant connaître tous les réglements du Port. Mais par ce moyen, le Port de St-Pierre est aujourd'hui connu du monde entier. Ce sont des armateurs qui m'ont dit qu'il y a intérêt de faire lithographier le plan dans l'annuaire.

Vous avez trouvé mauvais que dans la notice qui accompagne le plan du Port, se trouvât une réclame pour la maison Babet. Cela n'a pas coûté un centime de plus à la Commune puisque c'était une affaire à forfait.

M. FREJAVILLE. Vous auriez pu penser aux autres commerçants de St-Pierre, et ne pas vous faire la part du lion.

M. CHOPPY. Quel avantage avons-nous à être connus de pays qui ne seront probablement jamais en relation avec nous ?

M. BABET. Ne dites pas cela. Pourquoi voulez-vous qu'il ne soit pas utile qu'un armateur d'Angleterre par exemple sache que nous avons un Port et un bassin de carénage ?

M. CHOPPY. Quand les marins ont besoin d'un Port, ils savent bien le trouver, sans qu'il soit besoin de faire de grands frais de publications.

M. BABET. Enfin vous apprécierez, Messieurs ; quant à moi ai fini.

M. LE VIGOUREUX. Tout cela n'est que de la discussion génér le. Je ne peux pas repliquer éternellement.

Quant aux charbons de terre, la Commission par mon organe, maintient son appréciation première. En effet, M. Babet n'a pu démontrer l'avantage si grand que pouvait avoir la Commune en achetant de seconde main le charbon dont elle avait besoin.

De plus, je ne saurais trop le répéter; il suffit que des négociants de St-Denis aient pu vendre du charbon de terre à 60 et 62fr. 50, sous escompte de 5 o/o, pour qu'on ait le droit d'affirmer qu'il y avait bénéfice pour la commune à faire venir directement au lieu de payer sur place 80 f. 77 f. 50, 75 f. 70 f. et 69f. 50.

M. Babet devrait dès maintenant nous fixer à ce sujet, en nous faisant connaître exactement le prix du charbon débarqué du navire « le Normand ». Il ne peut le faire, c'est une preuve de plus que la comptabilité est mal tenue.

Enfin, Messieurs, mon suprême argument, c'est la Revue commerciale. Il est vrai que M. Babet prétend que les indications de la Révue ne sont pas exactes, étant fournies par des négociants de Saint-Denis qui peuvent avoir intérêt à ne pas faire toujours connaître la situation vraie au point de vue de l'approvisionnement et du prix des objets de consommation existant sur la place. A ce sujet, je n'ai qu'à lui répondre qu'il est plus que probable que le Rédacteur de la *Revue* n'accepte pas, sans les contrôler, les renseignements qu'il publie.

Nous avons aussi à parler de l'annuaire de la Marine de commerce française. Il est à regretter tout d'abord que l'on ait choisi un titre aussi peu français.

Nous lisons dans la légende qui accompagne le plan du port :

LE MAGASIN BABET FRÉRES ET Cᵉ SE RECOMMANDE PAR SON ANCIENNETÉ ET SON HONORABILITÉ etc.........

On trouve à ce même magasin les conserves coloniales et renommées de la fabrique (Eugène Lacrze).

Pas un mot pour les autres commerçants de la place.

Je trouve excessif ce prix de 648 francs pour une publication dans un livre coûtant 16. fr en France et 20 à l'étranger. La Commission a jugé que cette dépense était inutile.

M. Babet. Vous avez lu toute la notice s'adressant au Port.

M. le Vigoureux. Oui, et j'ai estimé qu'avec 150 fr. c'eût été bien payé.

M. Babet. 648 fr. était le prix convenu.

M. le Vigoureux. Nous avons demandé au Secrétaire s'il existait quelques indices pouvant nous éclairer sur cette dépense.

Il nous a mis simplement en face d'une facture de M. Augustave Babet agissant pour compte du vendeur.

Je borne là, Messieurs, mes observations sur la discussion générale du Rapport. J'aurai dans la suite occasion de vous soumettre quelques réflexions, très brèves d'ailleurs, à propos de certains articles du compte administratif, au fur et à mesure qu'ils seront soumis à votre examen. M. Babet n'en ayant pas parlé, j'estime qu'il n'est pas besoin que je prenne dès ici les devants.

M. le Maire. Personne ne demande la parole ?

La discussion générale est close et je suspends la séance pour quelques minutes, avant de passer à la discussion des articles.

La séance est suspendue à 4 h. 10".

Reprise de la Séance à 4 h. 30".

M. le Maire. Nous allons passer maintenant à la discussion des différents articles du compte administratif du Maire.

M. Babet. La loi dit que l'ancien Maire doit se retirer pendant le vote.

M. le Vigoureux. Vous pourriez assister à la discussion et vous retirer au moment du vote.

M. Babet. Discutons tous les articles d'abord, sans voter. Je me retirerai ensuite, afin de n'être pas obligé d'entrer et de sortir à tout instant.

M. LE MAIRE. C'est cela, mon collègue.

M. LE VIGOUREUX. Il est inutile de nous occuper dès maintenant des Recettes dont les chiffres ont été acceptés par la Commission. (Il donne lec'ure du Rapport).

Dépenses obligatoires

Art. 4. Personnel et matériel du service d'Instruction publique.

M. LE VIGOUREUX donne un résumé des observations présentées par la Commission.

M. BABET. Il est inutile de revenir sur ces points qui ont déjà été discutés. (On passe).

Art. 9. Frais de bureau et d'impressions, etc.....................

M. LE VIGOUREUX lit la partie du Rapport qui a trait à cet article.

M. BABET. Nous avons déjà parlé de cette somme de 85 francs donnée à l'*Enfant Terrible*. Cette dépense aurait dû être votée par le conseil, mais elle était si petite que j'ai jugé cette formalité inutile.

M. LE MAIRE. La Commission critique également le choix du jour-nal. Quelques explications sur ce choix, mon collègue.

M. BABET. Le Rédacteur était ici, il m'a demai dé de publier le bud-get. J'ai acquiescé à sa demande. Si je m'étais adressé à l'*Officiel* c'eût été beaucoup plus cher.

M. FRÉJAVILLE. Il n'y a pas que l'*Officiel* et l'*Enfant Terrible*. Il y a d'autres journaux qui tiennent le milieu entre ces deux organes de publicité.

N. CHOPPY. Nous ne critiquons pas la publication du budget puisque la loi le permet, nous reprochons le choix du journal. Quand on a un document sérieux à publier, on ne l'imprime pas dans l'*Enfant Terri-ble* qui est un journal satirique, comme son nom l'indique, et que les personnes sérieuses ne lisent pas.

M. BABET. Enfin, suivant vous le journal n'est pas sérieux.

On passe ensuite à la discussion de l'art. 22. (Acquittement des det-tes exigibles)

M. LE VIGOUREUX. Ici la Commission fait une observation , c'est que, sur la dette exigible à payer par la Commune à l'époque vers la-quelle nous faisons retour à ce moment et s'élevant à 498.195 f.28 c, il n'a été payé que 239.537 f.71 c,, c'est-à-dire la moitié à peine, de telle sorte que nous avons encore à nous libérer de 258.657 f.57 cent. qui non acquittés dans le passé grèvent notre présent.

M. LE MAIRE. Mais non, cette différence a été payée.

M. BABET. Oui, je crois que toute la somme a été payée l'année der-nière.

M. LE MAIRE. Cela a été payé, et la première 1/2 annuité de 1858 , l'a été également à l'aide d'une somme portée en recette, au budget de 1888, et que nous aurions dû dépenser pour les travaux du port.

M. Le Vigoureux. On a payé alors avec des ressources prises sur 1888.

M. le Maire. Parfaitement, on s'est acquitté à l'aide de la somme portée au budget de 1888 pour les travaux du port, travaux que nous ne pouvons dès lors continuer, ainsi qu'on nous le demande.

M. Le Vigoureux. Je me demande comment a pu être opéré un pareil versement ?

M. le Maire. Je vais vous l'expliquer. Les ressources de la Commune ne pouvant suffire à faire face aux dettes exigibles, l'ancien conseil avait décidé que les différences nécessaires pour payer les annuités seraient prises sur le capital, c'est-à-dire sur l'emprunt, jusqu'à ce que la Commune, plus prospère, pût rembourser ces avances.

Ainsi, au lieu de mandater le paiement des 129.787 f.14 cent. dont l'échéance tombait au 31 janvier 1888 sur l'art. 22 (Acquittement des dettes exigibles), l'a-t-on imputé à l'art. 2 du budget extraordinaire. (Construction et travaux du port).

De sorte que, dès maintenant, les 231.052 fr., reliquat du dernier emprunt, portés au budget de 1888 comme recettes extraordinaires devant servir à continuer les travaux du port, se trouvent absorbés en partie par le paiement de la demi-annuité de l'année 1888.

M. Choppy. Alors le déficit de 1888 est dès maintenant de 129.787 francs 15 cent.

M. le Maire. C'est ce qui serait arrivé, si j'avais eu l'imprudence de continuer les travaux du port, pour lesquels on avait déjà dépensé 65 ou 67 mille francs depuis le commencement de l'année. Mais en prenant l'administration de la Commune, je les ai interrompus, ma conscience me défendant de dépenser une somme qui était portée au budget, mais que je savais ne pas exister en caisse, même avant l'arrivée des pièces comptables.

Dépenses facultatives

(Jusqu'à l'article 8 pas de discussion).

Art. 8. Dépenses d'éclairage.

M. Le Vigoureux. Il y a une erreur matérielle commise sur le nombre de reverbères. Je n'ai pas voulu la corriger sans l'assentiment du conseil.

Le conseil par main levée autorise la rectification : « 66 reverbères au lieu de 26 ».

M. Le Vigoureux. Ces observations sur la manière dont sont exécutées les conditions du cahier des charges, s'adressent, comme l'a fait remarquer M. Babet, à la nouvelle aussi bien qu'à l'ancienne municipalité.

(Pas de discussion sur les autres articles).

BUDGET EXTRAORDINAIRE

M. LE MAIRE. La partie du Rapport qui traite des travaux du port est très longue. M. le Rapporteur va vous en donner un résumé.

M. LE VIGOUREUX. Je vais rappeler brièvement les critiques formulées par la Commission sans les appuyer des arguments que le conseil connaît déjà.

1° Il est à regretter que sur la proposition de l'ancien Maire, le conseil municipal (décision du 15 juin 1885) ait adopté le système de régie, et que par 3 fois il soit resté sourd aux observations de l'administration qui demandait l'abandon de ce système défectueux.

2° Toute la comptabilité du port avant avril 1885, manque complet de comptabilité. D'avril à octobre comptabilité fictive, établie en Octobre seulement par M. Jules Badré sur des notes prises un peu partout.

A partir de cette époque la comptabilité n'en est pas moins détestable.

3° Le personnel employé aux travaux était beaucoup trop considérable. Les salaires étaient trop élevés dans certains cas, et dans d'autres, ils avaient le tort d'être attribués à des employés d'une utilité plus que douteuse. Pour ne citer qu'un exemple, nous rencontrons, dans le personnel du Port, 3 employés s'occupant des droits de quai dont 2 à 150 fr. par mois et 1 à 100 fr. Or à quoi servaient-ils ? Les droits de quai, comme vous le savez, sont relevés par la Douane, et recouvrés sur des états qu'elle fournit au Percepteur.

M. BABET. Lorsque la Commune a demandé 'e concours de la Douane, M. Crémazy, chef de ce service, m'a dit : « Je veux bien vous l'accorder, mais il faudra me donner un employé payé par vous, car nous sommes surchargés de travail. J'ai donc dû prendre un employé pour faire le relevé des sommes que la Commune avait le droit de percevoir. Et pendant ce temps, j'avais deux autres employés chargés de surveiller sur les quais le mouvement d'embarquement et de débarquement qui s'opérait aussi bien au Port qu'à l'Etablissement de bâtelage de la Concorde et de Fortuné Rivière. C'était dans le début. Plus tard, quand j'ai vu que je pouvais marcher avec moins d'employés, j'ai dû en renvoyer.

M. LE VIGOUREUX. J'aurais compris que la Douane alléguât une insuffisance de personnel, tant que le service était gratuit, mais elle était payée.

M. BABET. Elle touche tout au plus 30 fr. par mois.

M. LE VIGOUREUX. Elle touche 0,50 c/ par 100 fr., tandis que le Receveur ne touche que 0,28 environ. Elle doit donc pourvoir au service par ses propres moyens.

(M. Le Vigoureux continue son résumé.)

4° Les fournitures dont le Port pouvait avoir besoin, se faisaient sans aucun appel à la concurrence , et sans que, de l'aveu de l'Ingénieur même, les prix en fussent par lui débattus.

Nous avons assez longuement fait ressortir déjà, pour qu'il soit utile d'y revenir, la situation anormale de M. Augustave Babet, frère et associé du Maire fournissant et fournissant toujours à la Commune dans des prix excessifs.

M. Babet. Quel est le prix de la peinture vendue par la maison Babet dans les derniers mois de l'année 1887 ?

M. Le Vigoureux. D'après mon relevé, dans les deux derniers mois, c'est 1 fr. 20 et 1 fr. 25.

M. Babet. Et à combien achetait-elle aux autres commerçants à ce moment ?

M. Le Vigoureux. Le port a acheté à un autre commerçant à 1 fr. 50 à la même époque, il est vrai ; mais les particuliers obtenaient chez lui la même peinture à 1 fr. 10. Ce négociant connaissait les prix auxquels le port achetait à la maison Babet. Il en a profité, voilà tout.

Je ne vous parlerai plus du charbon de terre, ni du prix des autres fournitures, questions qu'on a déjà débattues et que nous retrouverons tout à l'heure en discutant les conclusions de ce Rapport.

Nous allons passer maintenant à la partie figurant au compte administratif sous le chapitre 3 dit Additionnel et intitulé comme suit :

DÉPENSES SUPPLÉMENTAIRES, etc. etc.

A l'art. 17. *Dépenses imprévues.* La Commission remarque qu'il a été payé à M. Edouard Hoarau une somme de 40 francs à l'occasion de voitures fournies à l'Ingénieur communal pour visites aux Grands-Bois et à la Plaine des Cafres. Elle estime que vu le traitement élevé que touche l'Ingénieur, les frais de tournées qu'il est appelé à faire doivent rester à sa charge.

M. Babet. Les Ingénieurs des Ponts et Chaussées ont des frais de route. Si M. Palméro avait voyagé à ses frais, ses appointements d'agent-voyer auraient été bientôt mangés.

M. Rochecourt Hoarau. Mais M. Palméro faisait bien rarement ces voyages. Il y a 10 ans au moins qu'on ne l'a pas vu dans ma localité.

M. Babet. Dernièrement il a été dans ma propre voiture à Montvert, aux Grands-Bois, à la Petite-Ile, etc., mais vous auriez peut-être voulu que l'Ingénieur vienne vous faire visite.

M. Motais. Il a été à la Petite-Ile. Sa présence n'y a pas fait grand chose.

M. Erlay Potuin. C'est la première fois de ma vie que j'ai vu l'Ingénieur communal hier, lorsqu'il a été appelé au sein du Conseil. (On rit).

Le Conseil passe ensuite à la discussion des conclusions du Rapport.

DISCUSSION DES CONCLUSIONS DU RAPPORT

La Commission demande le rejet :

1° D'une somme de 85 francs payée pour publication du budget Additionnel de la commune de Saint-Pierre pour l'année 1887 dans le journal l'*Enfant Terrible*.

M. BABET. Je regrette que la publication ait été faite sans avoir un crédit ouvert, sans cela la loi était pour moi. Peu importe le choix du journal, la dépense n'aurait pas été rejetée. Tout au plus m'auriez-vous adressé des reproches. C'est une considération, aussi je compte sur votre bienveillance pour accepter cette dépense.

M. LE VIGOUREUX. La Commission s'est placée au point de vue du droit.

2° D'une somme de 7.750 francs, prix de 100 tonneaux de charbon de terre dont l'entrée au port n'est point suffisamment constatée, aucune trace de la livraison n'ayant été retrouvée sur le « Débiteurs divers. »

M. BABET. Messieurs, je n'ai pas à insister sur ce point. M. le Rapporteur de la Commission reconnaît que ces charbons ont été livrés. Donc, si vous rejetiez cette dépense, je subirais une perte injuste.

M. MOTAIS. J'ai cru qu'il était de mon devoir de rejeter cette dépense avant d'avoir vu les livres d'entrée et de sortie produits par M. Babet. Aujourd'hui, que je les ai consultés, comme membre de la Commission chargée d'éclairer le Conseil, je maintiens les conclusions du Rapport, attendu que je n'ai pas la preuve de la livraison du charbon en question ; mais, comme Conseiller municipal, je le déclare, je ne voterai pas le rejet de cette somme, parce que mon honnêteté me prescrit d'absoudre, alors que je ne puis savoir par le vu des livres si le charbon a été ou non délivré.

M. LE VIGOUREUX. Les pièces fournies hier au soir ne sont pas assez claires pour permettre à la Commission d'abandonner ses conclusions, mais elle ne peut plus affirmer que le charbon n'a pas été livré.

M. MOTAIS. Je déclare que je voterai contre les conclusions de la Commission, ma certitude n'est plus assez grande pour faire autrement. J'ai bien, il me semble, expliqué ma pensée et mon attitude.

M. LE VIGOUREUX. J'ai fait d'ailleurs connaître la situation, en laissant au Conseil la responsabilité d'une décision.

M. FRÉJAVILLE. La Commission est donc revenue sur sa conclusion.

M. LE VIGOUREUX. Non elle se trouve dans le doute, la comptabilité ne permettant pas de se faire une opinion certaine.

M. LE MAIRE. Bref, les conclusions restent les mêmes ; elles ne sont que modifiées.

M. MOTAIS. Les conclusions restent les mêmes, mais l'impression des membres de la Commission n'est plus la même.

3° D'une somme de 350 francs payée en trop sur le prix de 200 k. de clous galvanisés, livrés le 2 avril 1887 et vendus 450 francs.

M. BABET. Il est bien établi que cette marchandise se vendait couramment à 2 fr. 25, M. Cadet en a même acheté à 2 fr. 50.

M. Le Vigoureux. Nous nous sommes rapportés à des factures. Le prix de 0 fr. 45 à 0 fr. 50 en France. En outre nous voyons sur une note que les clous galvanisés sont, chez d'autres négociants, vendus 1 fr. 10 cent. Vous apprécierez.

4° D'une somme de 129 francs pour différence sur le prix de 6 pièces de bois, achetées 518 francs et replacées immédiatement à la Commune à 647 fr. 50.

M. Babet. L'Ingénieur s'était adressé inutilement à plusieurs personnes pour avoir des bois de cette dimension qui se vendent aux Ponts et Chaussées jusqu'à 300 francs le mètre cube. Il a alors traité avec un intermédiaire qui pouvait les lui fournir. Ce dernier s'est alors adressé à un propriétaire de bois qui, par considération pour lui, a bien voulu céder les bois à raison de 200 francs le mètre cube. La Commune à laquelle on a vendu le bois à raison de 250 francs le mètre cube a donc acheté au-dessous du cours et ce n'est pas parce que la maison Babet a gagné 129 francs que vous refuserez la dépense.

M. Fréjaville. Vous auriez pu en faire profiter la Commune.

M. Babet. Pour traiter directement, il aurait fallu que je connaisse le propriétaire des bois.

M. Fréjaville. Vous le connaissez personnellement, je suis d'ailleurs parfaitement renseigné sur ce qui s'est passé. La maison Babet s'est adressée au propriétaire des bois à qui les dimensions ont été données par l'Ingénieur du port. Vous connaissiez donc la destination de ces bois.

M. Babet. Mais c'est avec Augustave Babet et non avec moi que le fournisseur a été en relation.

M. Fréjaville. Augustave Babet ! Augustave Babet ! sous ce nom c'est vous qui traitiez réellement avec la Commune. On parle de compte d'apothicaires, en voilà un.

M. le Maire à M. Babet. Vous semblez dire que lorsque le Port a eu besoin de bois, M. Palméro ne s'est pas adressé à vous.

M. Le Vigoureux. Hier M. Palméro a nié avoir tenu le propos suivant : Je n'avais pas à débattre les prix des fournitures, je me contentais de faire savoir à la mairie ce dont j'avais besoin ; on traitait alors avec les fournisseurs et l'on m'envoyait ce que j'avais demandé. Comme je lui reprochais ce matin, au sein de la Commission, son manque de franchise, il s'est excusé en disant qu'il avait manqué de courage pour faire cet aveu en plein Conseil.

Quant à cette question de bois, l'Ingénieur n'avait pas besoin d'intermédiaire et la commune aurait gagné 129 fr. ; et il faut noter que les pièces de bois fournies ont été portées directement au Port par le propriétaire et quelles ne sont grevées d'aucuns frais accessoires.

Est-il défendu à un commerçant, dit M. Babet, de faire des bénéfices ? Certes non. Mais vous aviez, M. Babet une situation délicate, c'est vous qui traitiez avec la Commune sous le nom de votre frère qui n'est que le gérant d'une société où vous êtes intéressé. Dans le contrat qui se formait, et dont vous partagez les bénéfices, vous résumiez les deux parties, l'acheteur et le vendeur. C'est cette situation anormale que relève la Commission.

5° De 187 fr. 85 cent. pour différence sur le prix de la peinture côtée à 1 f.50 au lieu de 1f. 10, prix accepté.

M. Babet. Vous côtez la peinture à 1f. 10, MM. Deltel, par exemple, en vendaient à 1f. 40.

M. Deltel. Je n'ai jamais vendu de peinture au Port de St Pierre. J'ai vérifié sur mes livres.

6° D'une somme de 91 f. 85 pour différence constatée sur le prix des pointes à chevrons et de pointes ordinaires ramené à 3 f. (On ne discute pas).

7° D'une somme de 10,656 f. 16 pour différence sur le charbon de terre dont le prix est fixé par suite d'une évaluation des plus larges à 60f.

M. Babet J'ai suffisamment discuté. Vous apprécierez.

M. Le Vigoureux. La Commission vous propose encore le rejet :

1° D'une somme de 490 fr. pour différence sur le prix du volume intitulé « L'annuaire de la Marine de Commerce Française. »

Le Conseil suffisamment éclairé passe sans discussion.

2° De 432 fr. pour loyers à torts payés à M. Augustave Babet et à Madame Ricci.

M. Babet. Nous n'avions pas de place au dépôt, j'ai dû loger tes hommes comme je pouvais ; le contrat d'engagement m'en faisait l'obligation. Ils travaillaient au Port, vous apprécierez.

3° De celle de 40 fr. pour frais de tournées de l'Ingénieur Communal. (Pas de discussion).

M. Babet. Je vais me retirer, Messieurs. Quelle que soit la décision du Conseil sur mon compte administratif, je suis entré le front haut à la Mairie, et j'en sortirai de même.

On procède au vote.

M. Le Maire. Le conseil veut-il voter tous les articles au bulletin secret ? (Il lit le réglement, article 28).

M. Choppy. Nous ne voterons au bulletin secret que les modifications apportées par la commission au compte administratif de l'ancien Maire.

M. Le Maire. Pour les recettes, nous allons voter les totaux seulement et par main levée.

CHAPITRE I

Recettes ordinaires

Recettes pour 1887	388.865 70 A	
« 1888	66.102 33 A	
Total des recettes ordinaires. . .	454.068 03 A	
Restes à recouvrer		9.876 43 A

Pas d'observation, adopté.

A reporter. . . .

10

CHAPITRE II
Recettes extraordinaires

Report. . .

Recettes effectuées en 1887. . . .	620.199 67 A	
« « 1888. . . .	137.697 87 A	
Total. . .	757.897 54 A	
Restes à recouvrer		41.018 78 A

Pas d'observation, adopté.

CHAPITRE III
Additionnel — Recettes supplémentaires

En 1887.	4.416 50 A	
« 1888	11.812 17 A	
Total. . .	16.228 67 A	
Restes à recouvrer.		25.986 06 A

Pas d'observation, adopté.

RÉCAPITULATION

Recettes ordinaires	454.968 03 A	
Restes à recouvrer.		9.576 43 A
Recettes extraordinaires.	757.897 54 A	
Restes à recouvrer.		46.018 78 A
Recettes supplémentaires. . . .	16.228 67 A	
Restes à recouvrer.		25.986 06 A

Pas d'observation, adopté.

Total général des recettes. . . .	1.229.094 24 A	
« des restes à recouvrer.		81.581 27 A
A déduire les remises du Trésorier.	1.371 96 A	
Reste net pour les produits communaux.	1.227.722 28 A	

Pas d'observation, adopté.

CHAPITRE I
Dépenses obligatoires

M. LE MAIRE. Les articles, pour lesquels la Commission n'a pas proposé de rejet, seront votés à main levée.

Art. 1er. Traitement du Secrétaire et de divers employés.	17.20[illegible] A	
Restes annulés.		560 A
Art. 2. Remises du Trésorier et du Receveur municipal	16.187 90 A	
Restes annulés		« «
Art. 3. Personnel de la police. . .	39.923 26 A	

A reporter. . .

Report. . .

Restes annulés . . . . 906 74 A
Art. 4. Personnel et matériel de . . . . .
l'Instruction publique. . . . . 79.165 93 A
Restes annulés. . . . . 9.199 07 A
Art. 5. Personnel et matériel de . . . .
la milice . . . . 4.501 98 A
Restes annulés . . . . 798 02 A
Art. 6. Salaire des gardes cham-
pêtres. . . . . 5.283 33 A
Restes annulés. . . . . 1.083 30 A
Art. 8. Frais d'entretien de l'Hô-
tel de Ville. . . . . 600 A
Restes annulés. . . . . « «
Art. 9. Frais de bureau et d'im-
pression. . . . .

M. LE RAPPORTEUR. La Commission demande le rejet d'un mandat de frais d'impression du budget additionnel payé à l'*Enfant Terrible*, s'élevant à la somme de 85 francs.

M. LE MAIRE. Dans le compte présenté par l'ancien Maire, l'article s'élève à 2.907 f. 11 c. La Commission demande d'en retrancher le montant du mandat payé au journal l'*Enfant Terrible*. Nous allons voter au bulletin secret.(Il lit le réglement du Conseil); il s'agit d'adopter ou de repousser la demande de la Commission. Par conséquent, ceux qui acceptent la dépense, mettront la boule noire ; ceux qui, comme la Commission, rejettent la dépense, mettront la boule blanche.

Le Secrétaire appelle les noms des conseillers qui déposent tour à tour leur vote dans l'urne.

16 présents, — majorité absolue 9
Boules blanches, 15
« noire, 1

La proposition de la Commission est adoptée, le Conseil rejette la dépense de 85 f. et ramène l'article à . . . . 2.822 11 A
Les restes annulés augmentés de 85 francs.
L'article 9 modifié, est adopté.
Art. 12. Frais d'abonnement aux
bulletins des Communes. . . . . . 25 A
Restes annulés . . . . 25 A
Art. 13. Frais d'abonnement et de
conservation du bulletin des lois. . 50 A
Restes annulés. . . . . 50 A
Art. 14. Frais de recensement de
la population . . . . 6.208 46 A
Restes annulés. . . . . 3.791 54 A

A reporter. . .

Report. . .

Art. 15. Frais des assemblées et
des cartes électorales   495   A
       Restes annulés.   255   A

Art. 16. Frais des registres de l'E-
tat civil. . . . .   1.180   A
       Restes annulés   20   A

Art. 17. Frais de loyer et de réparations du local de la Justice de Paix.   75   A
       Restes annulés. . . . .

Art. 18. Contingent assigné à la
Commune dans les dépenses des en-
fants assistés.   500   A
       Restes annulés.   500   A

Art. 19. Indemnité éventuelle de
logement aux Curés   600   A
       Restes annulés. . . . .

Art. 22. Acquittement des dettes
exigibles . . . .   239.537 71 A
       Restes annulés. . . . .   258.657 57 A

Art. 23. Entretien des chemins vi-
cinaux . . . .   3.053 20 A
       Restes annulés. . . . .   1.946 80 A

Art. 25. Dépenses de la Caisse
d'Epargne.   900   A
       Restes annulés.   100   A
       Total général des dépen-
ses obligatoires : 417.818 58 85 . .   417.753 88 A
       Total général des restes
annulés : 277.905 96 85 . . . .   277.990 06 A

CHAPITRE II

Dépenses facultatives

Art. 1er. Indemnité représentative
au Maire et à l'adjoint spécial. . . .   10.500   A
       Restes annulés. . . . .

Art. 2. Personnel et frais de surveillance des travaux. . . . .   17.064 97 A
       Restes annulés. . . . .   195 03 A

Art. 3. Divers agents. . . . . .   10.069 65 A
       Restes annulés. . . . .   110.35 A

Art. 5. Frais du personnel et du
matériel du dépôt communal. . . .   3.369 83 A
       Restes annulés. . . . .   880 12 A

Art. 7. Travaux d'entretien. . .   10.749 20 A

                        A reporter. . .

Report. . .

Restes annulés.		750 74 A
Art. 8. Dépenses d'éclairage.	4.680 06 A	
Restes annulés.		1.319 94 A
Art. 12. Assistance municipale aux indigents	19.983 04 A	
Restes annulés.		46 96 A
Art. 13. Service des vidanges.	4.984 A	
Restes annulés.		16 A
Art. 16. Dépenses diverses.	4.018 54 A	
Restes annulés.		336 46 A
Art. 17, Dépenses imprévues.	3.022 79 A	
Restes annulés		107 21 A
Total général des dépenses facultatives	86.612 19 A	
Total général des restes annulés.		3.762 81

Budget extraordinaire

Art. 2. Dépenses extraordinaires, construction du Port.

M. LE MAIRE. La commission demande le rejet de différentes sommes.

M. LE RAPPORTEUR. 1° Une sommes de 7,750 f. payée pour 100 tonneaux de charbon dont on n'a pas retrouvé l'existence sur les débiteurs divers.

Le vote se fait par bulletins secrets. 16 présents, — majorité absolue 9 — 8 votants, — 4 boules blanches et 4 boules noires.

On procède à un 2° tour de scrutin.

On trouve dans l'urne 16 boules, 5 blanches et 11 noires.

La conclusion de la Commission est repoussée.

M. LE RAPPORTEUR. 2° Le rejet de la somme de 350 frs. payée en trop sur l'achat des clous galvanisés.

Le Secrétaire appelle les conseillers qui votent à tour de rôle au bulletin secret.

16 votants, majorité absolue 9.

On trouve dans l'urne 16 boules, dont 14 blanches et 2 noires.

M. LE MAIRE. En conséquence, la conclusion de la commission est adoptée.

Il y a lieu de diminuer la somme de 844,279 f. 43 de 350 f.

M. LE RAPPORTEUR. 3° La somme de 120 f. pour différence sur l'achat de 6 pièces de bois achetées à 818 f. et replacées à la commune à 647 f. 50.

On procède au vote secret.

16 votants, majorité absolue 9. On trouve dans l'urne 16 boules, dont 14 blanches et 2 noires.

M. LE MAIRE. La conclusion de la Commission est adoptée.

M. le Rapporteur. 4° La somme de 187 f. 85 c. pour différence sur le prix de la peinture côtée à 1 f. 80 au lieu de 1 f. 10.

Le vote se fait au bulletin secret.

16 votants, majorité absolue 9. On trouve dans l'urne 16 boules dont 14 blanches et 2 noires.

M. le Maire. La conclusion de la Commission est adoptée.

M. le Rapporteur. 5° La somme de 91 f. 85 c. pour différence constatée sur le prix des pointes à chevrons et des pointes ordinaires.

On vote au bulletin secret.

16 votants, majorité absolue 9. On trouve dans l'urne 16 boules dont 13 blanches et 3 noires.

M. le Maire. La conclusion de la Commission est adoptée.

M. le Rapporteur. 6° La somme de 10,656 fr. 16 pour différence sur le charbon de terre fourni pendant l'année 1887 dont le prix a été majoré.

M. Choppy. D'après les observations présentées au Conseil, M. Babet a cherché à démontrer que le charbon de terre revenait au prix qu'il le vendait, le Rapporteur a prouvé le contraire. Seulement le chiffre de 60 fr. fixé par la commission est minimum. J'ai fait venir du charbon, et d'après mon expérience je crois que nous devrions augmenter le prix de base, et au lieu de 60 fr. fixer à 65 f.

M. le Maire. La commission base ses calculs sur le prix de 60 fr. mais sur quelle quantité opère-t-elle ?

M. le Rapporteur. Sur toute la quantité fournie en 1887.

M. le Maire. Quelle est cette quantité ?

M. le Rapporteur. 808,531 kilos, quantité que l'on obtient en retranchant du tableau inséré au rapport le charbon noisette y figurant et 200 morceaux de charbon y figurant aussi et dont l'évaluation en kilos n'a pas été faite.

M. Motais. A combien le charbon est il revenu à M. Choppy ?

M. Choppy. A 70 francs, venant de Nantes.

M. Fréjaville. Le change était énorme à l'époque.

M. Arnaud. Et les assurances beaucoup plus élevées.

M. Motais. La commune qui faisait venir par quantité pouvait donc facilement s'en procurer à 65 f.

M. le Maire. La commission vous demande de diminuer le total de l'article de 10,810 f.

Mais une autre proposition est faite par M. Choppy ; demandant que la réduction soit seulement de 6,613 f. 46 c.

Nous voterons d'abord le chiffre de la commission, comme étant le plus avantageux pour la commune ; nous voterons au bulletin secret.

Votants 16, majorité absolue 9.

On trouve dans l'urne 18 boules dont 5 blanches et 11 noires.

M. le Maire. La proposition de la Commission est repoussée. Nous passerons à la proposition de M. Choppy qui demande de réduire de 6,613 f. 46 la somme de 844,279 43.

Le vote se fait au bulletin secret.

Votants 16, majorité absolue 9. La proposition est votée par 13 boules blanches et 3 noires.

M. LE RAPPORTEUR. 6° Une somme de 486 f. pour le livre (Annuaire Maritime du Commerce Française.

Le vote se fait au bulletin secret.

Votants 15, majorité absolue 8.

La proposition de la commission est acceptée par 13 boules blanches contre 2 noires.

M. LE RAPPORTEUR. 7° Maintenant la somme de 432 f. pour loyers des engagés payés à Mme Ricci et à M. Augustave Babet.

M. GRUCHET. Ces hommes étaient engagés pour le Port.

M. CHOPPY. Je fais une observation, il y a 2 chiffres : 432 f. et 40f.

M. LE RAPPORTEUR. Le chiffre de 40 f. est la réduction opérée sur les frais de route de l'Ingénieur.

On vote par bulletin secret.

Votants 16, majorité absolue 9.

La proposition de la commission est acceptée par 12 boules blanches contre 4 noires.

M. LE MAIRE. Par conséquent, la somme de 844,279 f. 43, diminuée de 8,289 f. 86 donne 835, 989 f. 57, c'est exact.

Le conseil adopte donc pour l'art. 2 du budget extraordinaire, les chiffres suivants : Art. 2 « 844,279 f. 43, moins le total des dépenses rejetées par le conseil s'élevant à 8,289 f. 86 »

Art. 2, 835,989 f. 57.

Ce chiffre est adopté.

Il en résulte que les restes annulés sont augmentés de 8,289 f. 86, ce qui ramène les chiffres de 15,623 f. 27 à 23, 913 f. 13.

CHAPITRE III

Additionnel. — Dépenses supplémentaires

1° *Dépenses obligatoires*

Art. 4. Personnel du Service de
l'Instruction publique.............. 10.575   A

    Restes annulés. , ... 2.823 20 A

Art. 22. Acquittement des dettes
exigibles.. .... 7.610 28 A

    Restes annulés. .... 3.824 64 A

2° *Dépenses facultatives*

Art. 5. Frais du personnel et du
matériel du dépôt communal. . . . 5.272 76 A

    Restes annulés. . . .. 727 33 A

Art. 7. Travaux d'entretien . . . 3.922 06 A

    Restes annulés. . . .. 4.074 74 A

Art. 12. Assistance Municipale aux

A reporter. . .

indigents. . . . .   *Report.* . . .

Restes annulés. . . . .   4,202 73 A

Art. 15. Dégrèvements. . . . .   2.797 27 A

Art. 16. Dépenses diverses. . . . «   «

Restes annulés. . . . .   7.352 84 A

Art. 17. Dépenses imprévues.   42 69 A

M. LE RAPPORTEUR. La Commission demande de diminuer de 40 f. le chiffre présenté par le Maire pour frais de voiture payés à l'Ingénieur Communal.

M. CHOPPY. L'Ingénieur communal n'a pas toujours fait son devoir, pour une fois qu'il s'est rendu sur les travaux, il ne faut pas nous montrer trop durs. Je demande qu'on lui accorde ces 40 f. Cela nous permettra de reconnaître qu'une fois au moins, il a fait son devoir.

Le vote se fait au bulletin secret.

Votants 16 — majorité absolue 9.

La proposition de la commission est adoptée par 10 boules blanches et 6 noires.

M. LE MAIRE. Il faut donc déduire les 40 f.

Art. 17. Dépenses imprévues. 1.330 88

Restes annulés. 319 12

RÉCAPITULATION

Dépenses obligatoires

Le conseil diminue les chiffres présentés par l'ancien Maire de 85 f. Les chiffres adoptés sont :

Pour les dépenses obligatoires : 417.818 88 moins 85 = 417.723 88

Pour les restes annulés : 277.905 96 + 85 = 277.990 96.

Dépenses facultatives

Le Conseil adopte les chiffres présentés par l'ancien Maire, soit :

Dépenses facultatives 86.612 19

Restes annulés. 3.762 81

Dépenses supplémentaires

Le Conseil diminue le chiffre présenté par l'ancien Maire à 40 francs. Les chiffres adoptés sont donc :

Dépenses supplémentaires : 40.306 96 moins 40 = 40.266 96.

Restes annulés : 156.659 14 + 40 = 156.699 14.

Dépenses extraordinaires

Le Conseil rejette la somme de 8.289 86 pour différentes causes énoncées déjà au procès-verbal.

Les chiffres adoptés sont :

Dépenses extraordinaires : 844.279 43 — 8.289 86, soit 835.989 57

Restes annulés : 16.623 27 + 8.289 86 = 23.913 13

Total général des Dépenses

Sommes dépensées du premier janvier 1887 au trente et un mars 1888. . . . . 1.380.602 fr. 60

Restes annulés pendant la même période. 462.366 04

Ces chiffres ont été adoptés par le conseil au lieu de ceux présentés par l'ancien Maire et qui étaient :

Sommes dépensées 1.389.017 46

Restes annulés 453.951 18

M. le Rapporteur. Nous allons passer maintenant aux conclusions mêmes du Rapport, c'est-à-dire à la nomination d'une Commission pour les motifs énoncés au Rapport.

M. le Maire. Je ne vois pas l'utilité de nommer une nouvelle Commission ; celle qui est chargée d'examiner la situation financière de la Commune pourra s'occuper de ces questions.

M. Fréjaville. Le Conseil adopte donc les conclusions, seulement il charge la Commission des finances déjà nommée de faire ce travail. (Le Conseil adopte la conclusion ainsi modifiée).

M. Norbert Schreiber demande la parole.

M. le Maire la lui accorde après avoir fait introduire M. Babet.

M. Schreiber. Je viens vous prier de vous joindre à moi pour demander la publication du Rapport de la Commission.

M. le Maire Il ne faudrait pas que ce fût aux frais de la Commune.

M. Schreiber. Le Conseil décidera. Il y a une somme votée pour la publication des procès-verbaux.

M. le Maire Il n'y a rien d'inscrit au budget de 1888 à cet effet; mais, avec l'autorisation du Conseil, je pourrai prendre la somme nécessaire sur les dépenses imprévues. Je vous avoue, Messieurs, que l'Etat actuel de nos finances ne nous permet guère de dépenser.

M. le Vigoureux. Si nous publions le rapport, il faut publier en même temps le procès-verbal de la séance, pour que le lecteur puisse se rendre compte de la discussion.

M. le Maire. Je mets aux voix la proposition ainsi modifiée.

Le Conseil adopte la proposition, et décide que la somme sera prise sur les dépenses imprévues, laissant au Maire le soin de choisir le journal chargé de la publication.

M. Babet. Quel a été le résultat de la séance, mon collègue ?

M. le Maire. Certains articles ont été repoussés, mon collègue.

M. Babet. Je viendrai demain prendre connaissance du procès-verbal de la séance concernant les rejets.

M. le Maire demande à renvoyer la séance à samedi. (Le Conseil adopte).

La séance est levée à 8 h. 10' du soir.

Pour copie conforme,

Le Maire de Saint-Pierre,

Imprimerie LA VÉRITÉ.